U0884383

1952~2012

谨以此丛书献给所有

为交通出版事业做出贡献的人们

人民交通出版社成立60周年纪念丛书之三

1952~2012

我们共同走过

大事记

人民交通出版社
China Communications Press

图书在版编目(CIP)数据

我们共同走过·大事记/人民交通出版社编著
.—北京:人民交通出版社,2012.12
ISBN 978-7-114-10211-0

Ⅰ.①我… Ⅱ.①人… Ⅲ.①出版社—大事记—北京
市 Ⅳ.①G239.22

中国版本图书馆 CIP 数据核字(2012)第 274232 号

书　　名:**我们共同走过·大事记**
著 译 者:人民交通出版社编著
责任编辑:张新文
出版发行:人民交通出版社
地　　址:(100011)北京市朝阳区安定门外外馆斜街 3 号
网　　址:http://www.ccpress.com.cn
销售电话:(010)59757969,59757973
总 经 销:人民交通出版社发行部
经　　销:各地新华书店
印　　刷:北京市凯鑫彩色印刷有限公司
开　　本:880×1230 1/16
印　　张:11.25
字　　数:356 千
版　　次:2012 年 12 月 第 1 版
印　　次:2012 年 12 月 第 1 次印刷
书　　号:ISBN 978-7-114-10211-0
定　　价:60.00 元
(有印刷、装订质量问题的图书,由本社负责调换)

《我们共同走过》大事记

编审委员会

主　　任：任永民　杨文银　朱伽林

副 主 任：谭　鸿　杜　颖　韩　敏　王宏图　戚学林　王振军

成　　员：张　斌　尤晓玮　林春江　蒋明耀　赵　蓬　孙　玺

编 者 的 话

斗转星移，日月如梭，弹指间，人民交通出版社已经走过了60个年头。

60年间，人民交通出版社从一纸组建公文、一万元启动资金、几个人创业做起，历经曲折、不懈探索、求实创新、追求卓越，时至今日，已发展为数亿元资产、数百名员工、管理制度完备、经营理念明确的“全国百佳出版单位”。面对如此骄人的业绩，我们不禁会想：前辈们在奋斗的征程中究竟走了有多远？他们的脚印在哪里？硬实力后面有多少文化底蕴构成的软实力需要后人来传承？当然，我们也可以大胆探讨：某些事情是否可以做得更出色？有哪些经验教训值得后人去借鉴。为了寻求这些问题的答案，我们整理编辑了《我们共同走过·大事记》一书。读过此书后，如果您能了解我社60年成长的轨迹，知道今日成果的来之不易，这正是我们的初衷；如果您愿意深入研究，总结出一些得失利弊，并用于日后工作学习中的借鉴，我们将倍感欣慰；或许您还能悟出一些做人做事的道理，那更是难能可贵的。

2011年12月，我社印发了经社长办公会审议通过的《人民交通出版社大事记整理归档办法》。本书2002年10月1日以后的内容，基本按此规定的要求编写；2002年9月30日之前的部分，沿用了我社建社50周年前夕，由徐文学等同志整理完成的文稿，尊重其对我社前50年发展历程的事实梳理，除做了体例上的统一，文字误差订正外，未做其他事实的取舍和增删。由于时间跨度较长，文献缺失较多，加之资料搜集渠道有限，全书肯定存在不足和遗漏，恳请广大读者批评指正。

需要说明的是，本书名为《大事记》，其实出版社普遍存在的是凡事、小事和琐事，一代代、一批批的交通出版人，默默无闻地劳作在各自平凡的岗位上，任劳任怨地奉献着青春和年华，他们与《大事记》中所记人物共同铸造了出版社的成就与辉煌，在此特向他们表示崇高的敬意。

2012年12月

目　　录

1952 年

本年 新中国诞生后百业待兴，至 1952 年底，国家经过三年恢复时期，即将进入全面的社会主义建设。交通部为了适应交通运输事业的发展，在一次部务会议上，王首道副部长决定，以部办公厅编译室为基础成立专业出版社。

12 月 8 日 人民交通出版社成立。因为这一天出版了首本《一列式拖驳运输法》一书，故将此日定为社庆日。上级领导机关是中央人民政府交通部、中央人民政府出版总署，负责人为丘克辉。经部批准借部长基金 1 万元作为丛书出版周转金。同时决定出版社为一个单位两块牌子，对内仍为编译室。

出版社设期刊编辑室、丛书编辑室、翻译室和图书资料室，仍在交通部（北京东城区北兵马司 1 号）机关内办公。

王首道副部长决定，将调中央财经委原编译室主任韩托夫来社工作。后调原航务总局办公室主任冈森任编辑室副主任；调原运输局办公室主任陈再励任期刊编辑室主任；调香港黄药眠主编的原《民主与文化》编辑部郭秉箴任丛书编辑室主任。

建社初期，业务量不大，职工仅有 30 余名，没有成立专门的编辑与出版机构，而只是做到了编辑与出版业务有专人分工负责。

出版社的主要任务是负责出版交通部主管的水运、公路及汽车运输等方面的专业科技图书和科技期刊，如《人民交通》、《汽车》和《公路》等杂志，年印数 66000 册。也翻译出版苏联俄文版交通科技图书，另外还出版内部发行的《交通公报》。

1953 年

1 月 3 日 经北京市人民政府工商局批准，人民交通出版社正式营业，营业证的号码是 006 号。

12 月 30 日 因出版业务关系，与上海的“汽车和公路杂志社”联系较多，社领导丘克辉曾赴沪视察，并在其所办的《汽车》杂志上刊登人民交通出版社出版的书刊广告和新书预告。由于上海印刷条件较好，我社将部分教材委托杂志社在沪代为印刷。经出版社和杂志社协商申请，交通部和出版总署批准，自 1954 年 1 月 1 日起将上海“汽车”和“公路”杂志社改名为“人民交通出版社分社”（上海新乐路

82号)。分社除了出版《汽车》月刊外,还出版《汽车译丛》《汽车活页文选》以及各种汽车月刊,发行量较大,经济效益较好。

本年 制订14项规章制度。

1954年

2月1日 为了做好出版工作,交通部办公厅发文决定:从即日起,人民交通出版社实行企业经营。为了加强对出版社工作的领导,任命韩托夫为社长、丘克辉为副社长。同时撤销办公厅编译室。

12月3日 交通部办公厅决定:为了集中交通出版机构来加强出版工作,定于1955年1月1日起,撤销人民交通出版社上海分社,分社并入总社,另在上海设置办事处,办理出版发行业务,并指定由公路总局第三工程局代管。《汽车》月刊及汽车图书编辑工作,暂仍在沪办理(到1956年7月11日交通部决定,上海办事处的原代管单位第三工程局撤销后,委托公路总局设计局第三设计分局代管)。

12月 上海分社社长张希繁调总社任副社长兼上海办事处主任。

本年 由于业务逐渐增多,成立初期的那种编辑出版不分的体制,已不适应迅速发展的形势。因此,将机构调整为一部二科,即编辑部、行政财务科、出版科。数月后又进行了调整,将编辑部按行政机构分组,即公路、航务基本建设编辑组,航运编辑组,稿件组织组;行政财务科改为计划财务科,主管计划、财务及发行工作;增设秘书科,主管公文、行政事务和人事等工作;出版科主管出版计划的制订、制版、版式设计、封面设计等,主要是加强计划管理。职工人数增至50余人,连同上海分社共计80余人。

同年 出版方针:以介绍苏联在交通运输方面的先进理论、技术和经验为主(约占出书总量的80%),并大力推广国内交通运输部门广大职工的创造发明和先进经验。为了满足交通运输战线上广大职工的工作和学习之迫切需求,决定出版通俗与普及读物、苏联专家报告和问题解答等图书。

1955年

本年春 建在北京东城区和平里东街8号的办公楼竣工交付使用,出版社即由交通部机关内迁此办公。

6 月 28 日 经交通部批准，出版社与创建于二十世纪三十年代初的私营慈成印刷工厂（北京原宣武区宣武门外下斜街感化胡同 2 号院内）实行公私合营。

12 月 30 日 出版社与慈成印刷工厂经过半年协商、清产及制订管理办法等，社派计划财务科科长薛大昌为公方代表，与私方代表慈成印刷工厂厂长徐孝，正式签订了公私合营协议，于 1956 年 1 月 1 日正式合营，名为“公私合营慈成印刷工厂”，归人民交通出版社领导。同时交通部调部机关干部孙应良任厂长兼书记，同来的崔兰夫担任人事保卫工作。全厂职工有 50 余人。

本年 逐步扩大发行范围，出版社已与全国 2500 多个机构及 1500 多位读者建立了联系。

1956 年

3 月 交通部为了加强交通出版的印刷力量，决定将成立于 1955 年 1 月 17 日的“中央人民政府交通部办公厅秘书处文印科铅印股”（对外称“交通部办公厅印刷所”），移交给交通出版社领导。于 4 月 1 日将印刷所的设备及 22 名职工合并到公私合营慈成印刷工厂，列为第二车间，仍在北兵马司部机关内生产。两个单位陆续添置设备和调配人员，至 9 月份基本就绪，故决定 10 月 1 日为厂庆日。1957 年初，印刷所搬到宣武区公私合营慈成印刷工厂场地合为一处，并按印刷、排字、铸字、装订工序重新组合，职工达百人。

4 月 4 日 交通部为了加强对出版工作的领导，在第七次部长会议决定成立图书出版编审委员会，并确定其主要任务：根据国家的方针政策，结合交通业务需要，审查年度出书计划和长远选题计划，并对书籍出版质量进行检查。

8 月 8 日 交通部宣布正式成立由孙大光部长助理等 15 人组成的编审委员会。成员由部机关的主要司局负责人和出版社领导及有关人员出任。有：孙大光、熊振作、高原、李逊华、马奔、成希颙、周风九、韩托夫、刘良湛、丘克辉、张文治、张希繁、朱田顺、周启新、刘俊峰。主任委员由交通部指定的副部长马辉之担任。如此，就使交通出版社的出版业务工作，紧紧围绕国家经济建设的需要，紧密配合交通部的业务工作，出版的图书更有较强的适应性。

9 月 3 日 根据形势的发展，出版社决定对各刊物进行调整。《人民交通》航运版及公路版，改为技术业务性质的综合刊物，定名为《水运》(月刊)和《公路》(月刊)；《航运译丛》和《公路译丛》自1957年1月1日起停刊；《汽车》(月刊)原在上海办事处出版发行，7月份迁京出版，并增加原《人民交通》公路版所刊的汽车运输部分；《汽车译丛》移交给一机部；《水运》、《公路》和《汽车》月刊，由分别成立的编委会主编，原《人民交通》编委会随之撤销。此决定自1957年1月1日起执行。

10月20日 在本社召开由部长助理冯于九主持的第一次编委会。主要讨论并确定编委会的组织与任务，1957年出书选题计划，出版社远景规划等。其中出版社发展规划，主要是根据出版图书刊物的专业范围及业务工作需要，出版社的机构设置做适当的调配，基本定型。决定：秘书科改为办公室；编辑部改总编室；增设干部科、水运编辑室、公路编辑室、汽车编辑室、出版科、计划财务科。另有上海办事处和公私合营慈成印刷工厂。

12月 全社人数达94人。

本年 制订了23项规章制度。

1957年

5月 “整风”运动开始。

12月18日 交通部决定，撤销“交通出版社上海办事处”。

本年 出版方针：本着国家提出的增产节约精神，根据交通运输事业发展的需要，重点出版科学技术书籍，同时逐步提高出书质量，缩短生产周期，适当控制印数，节约纸张，建立必要的制度，以保证提高质量。

同年 交通部免去丘克辉、张希繁副社长职务。

同年 建宿舍305平方米，仓库45平方米，投资29830.26元。后又改建仓库150平方米、车棚2间。

1958年

1月6日 出版社决定，在第一季度基本结束上海办事处的工作，于4月底撤销完毕。

4月11日 交通部批准，建临时厂房57.8平方米、堆货棚35平方米，并拨款

27000 元。

8 月 9 日　交通部为了加强对出版工作的领导，指导各地交通报刊和图书充分发挥其应有的作用，决定在交通部内成立出版委员会，全面领导交通出版社的工作。其主要任务是审批年度出版计划，确定出版和编辑工作方针，审批出版社的五年计划和长远规划。交通部指定潘琪副部长兼任出版委员会主任委员；李景天、韩托夫兼任副主任委员；葛琛、苏林、肖民、桂挹清、钱伟人、张文治、朱田顺、齐镇青、马奔、孙发端、张文昂、陶琦、谭真、吕光明、张希繁、张启宗等 16 人兼任委员。指定潘琪、李景天、韩托夫、张文昂、朱田顺、齐镇青、桂挹清、吕光明等 8 人为常务委员。办事机构设在出版社，不设专职人员。

9 月 1 日　对部机关刊物进行调整：《公路》月刊移交公路总局主编；《水运》月刊移交海运总局主编；《汽车》月刊由出版社主编。前两种月刊移交后，原编辑人员随之由出版社分别调至各总局，继续负责其编辑业务工作，其出版、发行业务仍由出版社负责。

9 月 29 日　出版社决定为印刷工厂增置设备和器材，投资 18 万元，另盖厂房 1000 平方米、宿舍 2500 平方米。本社增盖平房宿舍 20 间（每间 16 平方米）、仓库 60 平方米。

10 月 7 日　出版社决定，出版完成钢铁运输任务的社论报导汇编，其书名为《全党全民办运输文集》，并将此书赠送给全国各地县委书记，同时赠送一册适合农村交通运输需要的《交通出版社图书目录》，以扩大农村销售市场。

10 月 14 日　为了扩大书刊发行销售的需要，出版社决定在东四设立图书门市部（东四北大街 540 号），并拟将发行科亦迁此处，编制暂定 6 人，预计 11 月底开业。

11 月 8 日　交通部出版委员会召开第二次会议，主要内容：(1) 决定于本年 12 月 10 日在北京召开全国交通报刊会议。(2) 做出《关于公私合营慈成印刷工厂改为国营问题的决议》。(3) 就交通部各单位所出版的刊物中关于公开出版、发行和内部发行的问题做出决定。据统计，已公开发行的有《公路》、《水运》、《汽车》3 种月刊，1959 年起将公开发行的有《交通工作》（半月刊）、《公路跃进报》、《水运跃进报》,内部发行的有《人民航空》、《交通技术通讯》、《交通教育通讯》、《水运技术通讯》、《水运业务》、《公路与汽车运输科学技术指导》等刊物。(4)决定为庆祝建国十周年出版"卫星"书——《十年来地方交通工作的成就》,向国庆献礼。

12月26日 交通部出版委员会第三次会议决议,同意出版社提出的"卫星"书和重点书的初步规划,另增加《高原筑路》、《定时运输》、《大搞河网化》3种图书。

本年 交通部因出版社编、印、发《交通工作》迅速及时,给予通报表扬。

同年 出版社为执行出版委员会11月8日第二次会议关于慈成印刷工厂改国营问题的决议,经部办公厅出具证明,由出版社向国务院八办请示,批准同意改为国营。交通部于1959年1月正式命名为"人民交通出版社印刷厂",确定为全民所有制单位,属出版社正式编制,职工已达108人。为了业务方便,决定将印刷厂从宣武区迁至出版社所在地,12月份开始往东城区和平里东街交林夹道新厂址搬迁,至1959年3月全部迁完。厂房系原修建和平里交通部宿舍楼及交通出版社办公楼遗留的破烂不堪的临时工棚及车库等,稍加修补而成,生产条件相当艰苦。

1959年

1月2日 印刷厂动工修建3082平方米的职工宿舍楼(砖角楼北里3号),由社派1人、厂派2人组成基建小组。

同日 出版社决定,参加文化部和美协将于4月间联合举办的全国书籍装帧插图展览会,拟参展的图书有:《我们是怎样制造汽车的》、《中国石桥》、《党对交通事业的领导》、《全党全民办交通典型工作汇编》等。

1月12日 交通部出版委员会第四次会议决定:本部现有报刊24种,《人民日报》、《工人日报》、《中国青年报》、《大公报》共下放给我部9个版面,已分给各专业局负责组稿编辑工作。纸张问题暂由出版社统一申请解决。

1月 人民交通出版社决定出版"三八"献礼书10种50万字及国庆10周年献礼的重点图书,印刷厂的师傅们热情忘我,克服时间紧任务重等种种困难,保质保量,加班加点地印刷出国庆重点献礼图书。因为完成献礼任务好,社领导给印刷厂赠送锦旗和慰问信,表示感谢。

2月12日 发行科迁至东四门市部办公,并兼门市业务,3月8日正式营业。

3月17日 出版社决定,将《十年来的公路运输》、《十年来的汽车保修工作》、《汽车运输劳模庆祝国庆十周年感想》、《十年来的养路工作》、《十年来的首都交通建设》、《十年来的港口建设》、《十年来的交通技术革新》、《新中国的水运事业》(画册)、《新中国的公路运输》(画册)、《新中国的公路建设》(画册)等10种选题,作为向国庆十周年献礼的第一批重点书。

4月25日 交通部任命吕光明为出版社副社长,另任命部室领导10名。

7月22日 召开交通部出版委员会第七次会议,决定《公路跃进报》自7月份停刊;《公路》、《水运》两个月刊自第四季度起改为半月刊;《汽车》、《水运》和《公路》杂志,由邮局公开发行;《交通工作》、《交通技术通讯》、《交通财务会计通讯》、《水运业务》4种内部刊物,由出版社代办发行工作的日常事务,各主办单位负责发行。

7月28日 出版社社务会议决定,为了满足读者的需要,更好地为交通事业发展服务,进一步加强发行工作,要逐步地有重点地建立发行网点和代销点。

8月22日 交通部批准出版社定员80人,年末实际人数达95人。社长、副社长各1人;出版科27人;办公室8人;编辑部7人;水运、公路、汽车3个编辑室各12人;发行邮购门市部7人;另有印刷厂。并明确发行邮购门市部和印刷厂为出版社领导的单独经济核算单位。

10月8日 经潘琪副部长批准,将《汽车杂志》于11月份移交公路总局。

本年 印刷厂拟购置全张印刷机3台、万能铸字机2台、自动折页机2台、电动切纸机1台、订书机1台。

同年 建立健全规章制度有《编辑工作责任制》、《各编辑室分工联系制度》、《行政管理制度》、《新书和重印书的修订的定价标准》。

1960年

2月 “整风”运动结束。

5月17日 “反官僚主义”运动开始。

6月 根据上级指示，因铁道、交通、邮电三部合并，而酝酿“人民铁道”、“人民交通”、“人民邮电”三家出版社合并事宜，三社先后停止了出版业务工作。由于无事可做，转向了对图书刊物进行质量检查与处理。

9月 交通部任命郭家修为副社长。

1961年

10月17日 出版社决定，由于“大跃进”以来，所存书稿甚多，根据文化部的指示精神，全面地对存稿进行一次清查、清理和清退。

12月 对固定资产及物品进行了一次彻底的清查，并建立了财产明细账。

本年 由于精简机构和人员，职工人数减少至48人。

1962年

8月20日 经交通部党组及部务会议批准，因“整风”等运动而停止工作的出版委员会恢复工作，并进行了组织调整。主任委员由孙大光副部长担任；副主任委员由郝一军、田哨、郭家修3人担任。委员有：钱伟人、刘俊峰、张致远、李景天、胡作宾、马骏、陶琦、齐镇清、张文治、臧智、桂挹清、董宁、张烈、何乃民、于静远。出版社为其办事机构。

10月19日 恢复后的出版委员会第一次会议召开。为了加强对出版工作的领导，提高出书质量，根据部党组的指示及文化部的要求，明确出版委员会的任务为：根据党对交通运输的方针和政策，研究制定出版方针；审批出版计划；定期检查和改进出版工作；处理有关出版工作的重大问题。

12月 和平里砖角楼宿舍楼（五层共3082.6平方米）竣工，分配给社、厂职工居住。

本年 职工总数52人。

1963年

8月12日 社务会决定，1964年出版计划要贯彻科技出版会议精神，出书少而精，政治上不出事故，技术上要有准确性，要通俗易懂，计划中新书和重印书比例要适当。

8 月　为贯彻两次全国科技出版会议精神，就在新形势下需要解决的几个问题，向部党组报告。

8 月 21 日　交通部办公厅郝一军主任根据我社请示报告，按部党组审批意见，提出如下处理意见：(1)由于机构、体制及分工等变动，出版委员会有调整的必要。鉴于交通出版社今后主要为交通运输科技出版工作，出版社由办公厅代管实不合适，建议由部直接领导，即由分工管科技工作的领导同志分工领导，如需有一个职能部门代管具体工作，以技术司代管最为适宜，也可考虑由政治部归口代管。出版委员会的主任，拟原则同意由分管的领导同志担任；(2)为加强出版社领导，可考虑成立出版社领导小组；(3)对于要求配备总编辑、副社长、专业编辑的问题，以及出版社干部政治待遇、编辑人员调级、改建东四门市部房屋恢复门市(1961 年精简人员时停业)的问题，增加编制、交通工作机密件发行工作、期刊校对与发行工作、出版物的解释与有关规章制度等问题，均予以答复或解决。

8 月 27 日　孙大光副部长就我社上述请示报告专门做了批示：同意所提各项意见，已与郭家修同志面谈了。

9 月 3 日　交通部出版委员会第二次会议，郭家修副社长传达两次全国科技出版工作会议精神，要求科技出版工作要跟上科学技术现代化的需求，发行工作也要跟上；要开门办社，改善出版社与作者的关系等。部办公厅郝一军主任传达了中央关于加强出版工作的决定。孙大光副部长讲话，要求书刊中附地图时要严格把关，严格审查；出版工作很重要，政治上、技术上都要准确；出版社提出编辑队伍发展规划和编制意见列入劳动计划，教材编辑由出版社提出编制，教育司负责提名单，政治部负责抽调干部；国外文献著作的翻译工作很重要，同意出版社建立一个翻译室；规章制度的出版，各司局长把关，出版社编辑部门细致加工；原则同意在出版委员会下设顾问性质的专业编审小组，名单由出版社和各司局商定，然后由出版社发聘书。

9 月 27 日　交通部任命梁少克为副社长。

10 月中旬　“五反”运动历时 6 个月结束。

10 月 21 日　部批准购解放牌汽车 1 辆。

10 月 根据部出版委员会第二次会议决定，经与部有关司局商定，在出版委员会下设：汽车、公路、船舶驾驶、轮机修造、港工航道等 5 个专业编审小组，编审人员由社下聘书。

11 月 29 日 《人民交通出版社书籍稿酬的暂行规定》、《人民交通出版社书籍和课本正文定价标准》经部批准，于 1964 年 1 月 1 日起实行。

12 月 3 日 社机构调整方案报部审批。

12 月 10 日 交通部批准出版社机构设置方案。

12 月 21 日 社务会宣布调整后的机构：总编辑室、汽车编辑室、公路编辑室、水运编辑室、国外文献编译室、办公室、人事室、出版部、发行部（下设门市部），自 1964 年 1 月起执行。

12 月 职工人数 63 名，印刷厂人数 119 名。

本年 制订了 20 项规章制度。

1964 年

1 月 24 日 王首道部长在交通部职工大会上，因我社在学习石油部活动中工作出色，提出表扬。

1 月 25 日 填报在京自办发行业务申请登记表，经部审批后，由部送北京市工商管理局和北京市文化局核发。

2 月 7 日 北京市文化局批准我社恢复东四门市部。

3 月 12 日 交通部发文，为充实出版社教材编辑人员，决定从部属院校抽调专业讲师或工作 3 年以上的助教 5 人，担任教材编辑工作。

3 月 19 日 印发《人民交通出版社书籍稿酬的暂行规定》。

4 月 1 日 北京市工商管理局核发我社企业营业执照，“京甲中字第 018 号”。

8 月 27 日 交通部任命郭家修为副社长兼总编辑；另任命部室领导 12 名；任命王学海为印刷厂厂长、徐孝为副厂长。

本年 交通部任命郑秉吾为社长。

同年 交通部批准给印刷厂 60 名招工指标，一批年轻有为，风华正茂的新工人陆续进厂，充实一线职工队伍。60 年代中期达到 240 人左右。

1965 年

3 月　社将纸张移交印刷厂管理,并拨款 6 万元。

6 月　交通部任命胡士翔为社长,免去郑秉吾社长职务。

6 月 15 日　交通部机关党委批复,同意补选胡士翔为总支委员,并代理总支书记。

本年　因涉及某些问题而报废或减价处理的图书近 8 万册,损失码洋 4 万多元。

1966 年

2 月 24 日　交通部机关党委批复,同意张树风增补为出版社总支委员。

3 月 7 日　交通部任命张树风为副社长、张善成为副社长,免去张善成办公室主任职务。

5 月 20 日　交通部同意外文书店出口我社的《高速柴油机的维修》、《船舶柴油机修理工艺》、《汽车点火故障检验图解》3 种图书。

6 月　因受"文革"冲击,出版工作停止。

7 月 16 日　交通部指示:"以往已出版的库存教材,在未经审查前一律停售;未出版的停止出版。"

7 月 22 日　交通部水运局通知,《水运》月刊第八期暂停出版。

7 月 25 日　交通部公路总局通知,《汽车杂志》第四季度暂停出版。

8 月 3 日　公路总局通知,《公路》月刊自 10 月份起停刊 3 个月。

9 月 28 日　部批示,停售 57 种图书。

本年　出版教材新书 2 种,重印书 14 种。销售收入 12566.23 元,净亏损 5854.10 元。

1967 年

本年　交通部实行军管,本社出版业务暂停,一切工作由军代表领导。除部分教材暂予开放作为内部发行外,其余图书均暂封存。最后交通部军管会核定,我社年亏损 145745.22 元(其中印刷厂亏损 60125.89 元)。

同年 部军管会对我社关于教材问题的报告批示:“关于过去出版的教材处理问题,即现有封存教材中除经营管理方面的和已经审查有严重政治问题的停售以外,均可暂予开放,作为内部发行,凭介绍信购买。”

1968年

4月6日 部军管会转发人民银行关于冻结各单位存款的规定,我社被冻结40438.40元。

9月19日 交通部军管会批示,同意我社印刷厂成立“革委会”,由7人组成。

9月29日 交通部军管会批示,同意出版社成立“革委会”,由9人组成。主任张朝杰(军代表),副主任杜书通(军代表)、张善成(副社长)。

本年 印刷厂亏损101668.28元。

1969年

5月 有职工70人,其中60人分别下放至交通部吉林敦化“五七干校”、湖北阳新“五七干校”劳动,在社留守10人。

5月 军代表张朝杰、杜书通撤走。

8月1日 部军管会同意重印汽车方面的图书14种,每种图书印数在15000~80000册之间。

9月15日 部军管会同意开放33种图书。

10月20日 部军管会同意重印11种图书。

12月25日 部军管会同意我社出口5种图书。

12月26日 部军管会批复,《石拱桥》、《公路人工构造物》可以发行。

1970年

1月3日 部军管会同意我社报废图书7种,计32687册,码洋8780.20元。

1月17日 部军管会生产指挥部批准,开放18种库存图书。

3月3日 部军管会批准,报废《汽车》、《公路》、《水运》、《水运商务》等共2918册,码洋1279.65元。

7月 中央决定铁道、交通、邮电三部合并,定名为交通部。

本年　水运出版新书 4 种，重印书 3 种；公路重印书 3 种；汽车出版新书 2 种，重印书 18 种。完成计划利润的 109.61%。

同年　职工总数 65 人，其中在湖北阳新干校 40 人；在河南洛阳干校 3 人；留社工作 22 人。

1971 年

6 月 9 日　胡士翔社长、王亦兵同志在参加全国出版工作会议期间，与其他几家出版社代表一起受到周恩来总理的单独接见，并进行了关于出版情况的座谈。周总理对胡士翔同志随带的《水泥船》一书很感兴趣，要求把水泥船制造工艺的图书及画册送给他，供研究用。我社当夜将以上图书送到。

本年　出版新书 20 种、重印书 22 种。

1972 年

2 月 1 日　交通部决定，因精简国家机关，铁道、交通、邮电三部合并后，将我社与人民铁道出版社合并，合并后定名为“人民交通出版社”，原铁道出版社人员由东单三条迁至本社处合并办公。两社所属的印刷厂亦同时合并，合并后定名为“人民交通出版社印刷厂”，仍在各自场地生产。

2 月　部军管会任命岳明文（军代表）为领导小组组长。

5 月 8 日　向部报送成立出版社党支部的请示报告。

5 月 20 日　交通部批复：同意由岳明文（军代表）、刘炳威*、胡士翔、陈国祥*、朱斐*5 人组成党支部委员会。岳明文任书记，刘炳威、胡士翔任副书记。（*为原铁道出版社人员）

9 月 22 日　交通部批准增补周毅*、张树风为支部委员。（*为原铁道出版社人员）

11 月 26 日　向部呈关于两社两厂合并后的机构编制和定员的报告。

12 月 11 日　交通部批复，同意机构设：办公室、编辑部、出版部、发行部，人数控制在 85 人以内；原定铁道、交通两印刷厂合并问题，鉴于工作量比原设想的规模增加较多，以及厂房、宿舍等情况，决定暂不合并，原铁道厂改名为“人民交通出版社印刷一厂”，原交通厂则为“人民交通出版社印刷二厂”。并确定了两厂的机构设置和编制人数。

本年 共出书106种,其中新书64种。出口图书2种:《沿海航标》、《汽车驾驶员常识》(中册)。职工人数68人。

1973年

2月1日 交通部决定,正式启用"交通部人民交通出版社"公章及相应的各部室公章,同时"人民交通出版社革命委员会"及相应的各部室公章作废。

4月26日 交通部决定成立交通出版社"革命领导小组",由周毅*、于仲友*、胡士翔、张树风、刘炳威*、岳明文(军代表)6人组成。周毅任组长,于仲友、胡士翔任副组长。(*为原铁道出版社人员)

4月 下放"五七干校"劳动的职工全部回社工作。

5月12日 社革命领导小组同意印刷厂成立党总支委员会,由7人组成,王世民(军代表)任书记,王学海任副书记。

5月26日 社决定为一批人员提职或定职为编辑及其他专业职务。

7月20日 部批准我社购置吉普车1辆。

9月6日 交通部批复,同意组建出版社第一届党委,由于仲友*、王宝山*、王学海、刘炳威*、任树鹏、汪宝中*、陈国祥*、周毅*、岳明文(军代表)、胡士翔、张树风、张善成、郭清晨*13人组成。常委由周毅、于仲友、胡士翔、张树风、张善成5人组成。书记:周毅;副书记:于仲友、胡士翔。(*为原铁道出版社人员)

11月22日 向联合国提供《英汉道路工程词汇》一书。

11月26日 部批准我社购置北京130型货车1辆。

12月8日 部批准我社印刷厂翻修排字车间厂房850平方米,在此基础上加盖一层车间用房920平方米,共拨款18万元。

本年 赴日本展出的图书有:《国产汽车技术性能手册》、《汽车故障的诊断与检修》、《中国海港概况》、《钢质海船建造规范》、《对称电测深二层及三层量板》等。

1974年

10月27日 郭鲁副部长就出版社归谁主管的批示:由彭敏同志分管。

12 月 27 日　社党委扩大会议决定：进一步落实党的政策，解决“清查 516 运动”中的遗留问题，成立了领导小组。

本年　出口图书有：《汽车驾驶员常识》（中册）、《汽车驾驶》、《汽车构造》、《汽车保养与故障排除》、《沿海航标》、《钢质海船建造规范》等。

1975 年

1 月 22 日　根据交通部核心组关于分别组建铁道、交通两社领导小组的指示，向部机关党委和部核心组报送两社领导小组成员名单。本社领导小组组长：胡士翔；副组长：张树风；组员：张善成、米增福、葛淑清。

2 月 1 日　两社领导小组正式分属办公，原铁道出版社人员迁回原址。同时原本社印刷厂恢复原名。

12 月　职工总数 72 人。

本年　交通部办公厅为了印刷内部文件资料方便，决定在部机关设立铅印室。由我社印刷厂抽调部分设备和器材，并派出人员轮流担负排印装工作。

同年　部同意我社建纸库 500 平方米，更新锅炉房 300 平方米，拨款 9.4 万元；扩建印刷厂厂房 3500 平方米。

同年　我社参加原西德和美国书展，参展的图书：《钢质海船建造规范》、《世界港口浬程表》。

1976 年

7 月 23 日　按老中青三结合原则，选举产生社党支部委员会。书记：刘晶秋；委员：戴文国、梁唐、徐文学、庚万山。

7 月 28 日　3 时 42 分唐山发生 7.5 级地震，波及北京地区。根据交通部统一部署，出版社成立了防震领导小组，开展抗震工作。

12 月　职工总数 88 人。

1977 年

1 月 1 日　执行《稿酬及补贴试行办法》。

5 月 31 日　交通部领导小组决定，本社业务归口交通部政治部管理。还决定交通部办的内部刊物《交通战线》,由我社承担印刷和发行,若发行力量不足,可适当增加编制。

10月8日 交通部同意我社恢复教材编辑室,先配备5人。

11月26日 根据交通部的部署,开展揭批"四人帮"罪行、消除流毒运动。

本年 交通部批准我社建宿舍3400平方米(交林3号楼)。

12月 职工总数89人。

1978年

6月30日 印刷厂总支改选,由7人组成。书记:张善成;第二书记:王学海;副书记:王世民。

7月15日 金如霆被推举为"中国公路学会"理事,并被选为理事会副主任委员。

7月20日 交通部调朱儒珍来社工作(8月被任命为副社长)。

8月1日 为了加强交通院校专业教材的出版工作,交通部批复,同意我社增加编制30人。

9月16日 社机关党支部改选。书记:朱儒珍;副书记:刘晶秋;委员:梁唐、杨静波、魏启宇、李宝钧、葛淑清。

12月8日 出版社临时领导小组在落实政策大会上宣布:为所有"文革"中被揪斗批判的同志平反。

本年 交通部召开全国交通战线科技大会,选派先进个人和有贡献的工程技术人员参加。社金如霆、厂李春生参加了会议。

1979年

1月27日 金如霆赴美国底特律市参加汽车工程学会举行的代表大会和展览会,并进行学术交流。

2月5日 金振远被推举为"航海学会"理事。

2月20日 交通部任命:刘毅为社党委书记;胡士翔为党委委员、社长;朱儒珍为党委委员、副社长;王学海、戴文国、米增福、徐均为党委委员;郑秉吾为社顾问。

3月31日 推荐金如霆为“中国公路学会汽车运输专业委员会”委员。

10月26日 部下达劳动计划，同意我社调入编辑20名。

12月2日 推荐胡士翔为“中国出版工作者协会”理事。

12月 职工人数121人。

本年 交通部政治部对我社错划为“右派”的人员进行审改后批复，为11名同志恢复政治名誉及原工资级别待遇。

1980年

1月21日 部下文同意我社出版的教材单独核算。

5月9日 部批复，同意本社机构设置：总编辑室、公路汽车编辑室、水运编辑室、教材编辑室、出版部、发行部、办公室、政治处（均为处级）。编制130人。印刷厂机构由社审定，报部备案。

8月8日 中国出版工作者协会批准我社及印刷厂为中国出版工作者协会团体会员。

8月22日 交通部任命：刘毅为社党委书记；胡士翔为社长；朱儒珍、汪浩为副社长；郑秉吾、丘克辉为顾问。

9月6日 交通部任命了社各部室领导人共计15人；印刷厂领导人3人（党总支书记兼厂长：王学海；副书记：王世民；副厂长：李广弟）。

10月15日 社决定套改高级工程师1人；套改助理工程师1人；评定为工程师6人；晋升为工程师11人；符合讲师条件的2人。

12月16日 部人事局将印刷厂在部里的铅印室划归部办公厅领导，作为部机关附属单位。

本年 部下达劳动计划，批准我社调入编辑10人。

同年 社工程技术干部职称评定委员会成立，由汪浩、金如霆、郐正明、陈民扬、王应荣、王绍文、魏启宇7人组成。

同年 建立科技人员档案。

1981年

本年 《英汉航海词典》、《英汉船舶机电词典》、《英汉道路工程词典》、《日汉道路工程词典》、《法汉汽车技术词典》、《水运技术词典》、《古代水运与木帆船分册》、《桁梁桥的扭转、稳定和振动》参加第33届西德法兰克福书展。

同年 《公路双曲拱桥》获1977～1981年度全国优秀科技图书奖。

1982年

4月6日 交通部批准"新疆交通厅公路编译室"，使用"人民交通出版社新疆民族文字编译部"的名义开展工作，刻制汉、维文的公章。

7月 《船舶中低速柴油机轴系扭振应力计算方法的研究》一书获上海市重大科技成果三等奖；《船舶柴油机轴系扭转振动》一书获全国优秀科技图书二等奖；《汽车故障诊断》、《微型计算机》、《预应力T型刚构式桥》等获全国优秀科技图书纪念奖。

8月17日 推举邬正明为"中国气象学会"理事。

11月12日 向北京市出版局和工商管理局申请将东四门市部改为"交通书店"。

12月 交通部免去郑秉吾顾问职务。

本年 经交通部、东城区工商局、北京市工商局批准，本社可以经营广告业务，营业许可证为"京东字027号"。

同年 分配到社"文革"后的第一批大学生7人。

同年 部下达印刷厂厂房建设计划5500平方米（即厂东楼，1984年交付使用）。

同年 我社开始实行利改税，所得税率按55%上交。

1983年

1月24日 交通部办公厅《关于在京企事业机构设置的通知》中明确我社为局级事业单位；印刷厂为处级企业单位（系出版社附属单位）。

2月25日 交通部批准我社机构设置和编制为：办公室、总编辑室、公路汽车编辑室、水运编辑室、教材编辑室、出版部、发行部、党委办公室（含团委）。编制130人。挂靠交通部办公厅。社下设印刷厂，厂设6个科室、4个车间、编制400人。

3月23日 工商局批准,“东四门市部”改为“交通书店”,营业许可证号码为“569号”。

4月7日 交通部任命:邬正明为社党委负责人,主持党委工作;魏启宇为行政负责人,主持行政工作;金如霆为总编辑;米增福、刁力为副社长。临时党委由邬正明、魏启宇、米增福、王学海组成。

6月 交通部免去郭家修、梁少克副社长职务。

6月13日 交通部任命:邬正明为社党委书记、魏启宇为社长。免去:刘毅社党委书记职务、胡士翔社长职务、朱儒珍副社长职务。

12月20日 交通部任命社各部室负责人及印刷厂领导班子(高镇都任总支书记;孙加明任厂长;李广弟、张军任副厂长)。

12月 职工总人数,社137人、厂408人。

1984年

3月14日 向拱北中国图书贸易公司投资50万元。

3月31日 向中国南方图书公司认股10万元。

4月 东办公楼建成交付使用。

7月5日 部机关临时党委批复,同意邬正明、魏启宇、米增福、王肃仪、刘晶秋、高镇都、孙加明7人为社党委委员,邬正明任书记。

10月3日 经北京市工商行政管理局核批,我社成立“海通服务公司”,营业执照为“京东乙字第2265号”,对外称“海通贸易公司”,为集体所有制性质,独立核算,主营彩色图片扩印。从此,我社开始了多种经营。

12月 职工人数138人。

本年 设置大屯库区。

1985年

4月 交通部免去王浩的副社长职务。

5月13日 浙江省交通厅复函,同意我社在杭州开设“交通书店杭州分店”,并于5月25日改为“杭州交通书店”。

5月29日 交通部审查批准魏启宇、吴德心赴西德参加“法兰克福国际书展”。

9月17日 彭小秋随团中央组织的中国青年访日友好之船代表团赴日本访问。

9月28日 交通部直属机关工会复函,同意我社成立工会委员会。

10月 印刷厂由日本引进“写研”电脑照排系统。

10月12日 经交通部批准,社、厂先后实行了基础、职务、工龄工资制度,并在此次工资改革中明确了印刷厂系实行企业管理的事业单位。

11月16日 选举产生了社机关首届工会委员会,刘晶秋任工会主席,另设兼职委员5人。

12月5日 经交通部批准,唐本立随远洋船拍摄《运河操纵》、《分道通航制》教学录像片,为期8个月。

12月 职工人数161人。

本年 60种图书参加香港中国书展。

同年 由于社、厂实行企业管理,按规定均实行了第二步利改税的制度。

改革奖励制度,实行岗位定系数、定额考核,拉开档次。

改革干部考核制度,分下级测评、同级测评、上级测评3个层次。

改革图书发行体制,加强社自办发行业务。

同年 根据新闻出版署规定,制订新稿酬办法,提高了标准。

同年 与锡林浩特造纸厂合资扩建造纸厂,社分别于9月15日、11月30日拨给锡林浩特造纸厂各50万元,造纸厂以优惠价格保证我社用纸。

1986年

1月1日 全国实行《中国标准书号》,本社拟订了《出版图书新编种次号的决定》。

3月 习力在中国出版工作者协会第二次会员代表大会上被选为副主席。

3月11日 社决定退出中国南方图书公司的董事单位,并要求退股还息。习力不再担任董事。

4月2日 本社被首都绿化委员会评为绿化先进单位;被交通部评为绿化标

兵单位,庭院绿化、美化先进单位。

5月10日 根据上级文件精神,“海通贸易公司”经北京市东城区工商局批准停业。

6月5日 交通部任命高镇都为副社长(7月7日社党委免去其印刷厂党总支书记职务),康树元为党委副书记。

9月 我社参加的全国科技出版社社长、总编辑第四届年会决定,全国科技出版社协作出版《当代科技重要著作丛书》。

10月23日 同意新疆民族文字编译部在乌鲁木齐市开办“新疆交通书店”,业务受社发行部指导。

11月25日 交通部批复同意将新疆民族文字编译部改为“人民交通出版社新疆分社”,行政归新疆交通厅领导,业务受本社指导。

12月 职工总人数176人。

本年 发行工作改革,实行社内独立核算。

同年 根据中央和交通部规定,成立职称改革领导小组和专业人员职称评审委员会。负责交通部所属出版行业的专业人员职称评定。

同年 全年共参加全国性书市3次。

1987年

3月14日 交通部通知,魏启宇、金如霆、邬正明因到年龄免去所任职务,米增福副社长主持行政工作。

7月 创办《情况反映》,共出23期。

10月 发行部书管组划归行政办公室管理。

本年 党委书记:邬正明;副书记:康树元;委员:魏启宇、米增福、高镇都、刘晶秋、王肃仪、孙加明。共有5个支部、1个党总支(厂)。

机构:党委办公室、行政办公室、总编辑室、公路汽车编辑室、水运编辑室、教材编辑室、综合编辑室、出版部、发行部、印刷厂。

同年 技术职称评审共评出各类专业技术人员97人。进行了工资调整,还进行了行政职务评定。

同年 获国家级优秀图书奖的责任编辑有9人,获社级优秀图书责任编辑称号的有31人,获社优秀封面奖的有2人。

同年 共建立图书销售网点15个。

同年 社被评为交通部“绿化红旗单位”。

1988年

1月1日 对交通部实行经济承包,并决定单设计划财务科。

2月29日 印刷厂新领导班子由徐文学(书记)、李广弟(厂长)、李冰天(兼任副厂长)、张军(副厂长)组成。

12月30日 社决定印刷厂书记:徐文学;厂长:李冰天;副厂长:张军;调研员:李广弟。

本年 党委成员有副书记:康树元(主持党委工作);委员:米增福、高镇都、王肃仪、刁力、徐文学、刘晶秋。

同年 成立了社改革研讨小组。

同年 《1小时推定混凝土强度》一书获全国第二届优秀科技图书奖(在1989年获“全国第三届优秀科技图书奖”)。《船舶轴向稳定与振动》一书获“第四届全国优秀科技图书”二等奖。

同年 召开北京春季图书看样订货会,首都20家科技出版社参加,我社为组长单位。

1989年

1月1日 按交通部规定,实行工资总额与经济效益挂钩。

4月18日 为适应实行社长负责制,建立了职工代表大会制度。召开首届职工代表大会第一次会议,共选出职工代表33人。会议审议通过了《人民交通出版社机构改革方案》、《人民交通出版社职工代表大会暂行条例》等。交通部副部长王展意到会并讲话。

7月 交通部任命陈民扬为总编辑。

8月3日 交通部批准社机构改革方案为:水运图书部、公路图书部、汽车图书部、综合图书部、社长办公室(对外称人事处)、财务处、行政管理处、党委办公室、发行部、印刷厂。新机构于1990年1月1日开始运转。这是一次改革的尝试，将出版部各工序分配到各图书部，形成从组稿到销售“一条龙”的机制。

8月 根据交通部部署，进行了党员评议、清查、清理和考察干部工作。

10月 交通部任命董义臣为社党委副书记。

同月 党委成员有副书记康树元（主持党委工作）、董义臣；委员：米增福、高镇都、王肃仪、徐文学、刘晶秋、习力等同志。

10月25日 根据财政部规定，北京市税务局东城分局同意我社所得税率自1989年1月1日起，由55%调整为35%。

12月 我社被列入《中国出版社人名词典》的有：金如霆、陈民扬、王应荣、郘正明、魏启宇、米增福、习力、高镇都、陈良淦、金振远、王肃仪、卢其昌、孙起运、石道全、武崇理、吴德心、李文臣、丁香云、阎育丹、唐本立、蔡培荣、孙善秋、周忠校等23人。

本年 我社在北京召开了首届图书发行网点经验交流会。到年底为止共建了20个销售网点。

同年 印刷厂1600平方米宿舍楼竣工交付使用。

1990年

1月1日 建立职工浮动工资及岗位津贴制度。

1月17日 交通部批复同意我社申请重新登记注册，并报请国家新闻出版署审核。

1月 成立社技术委员会，由社领导、各部门及印刷厂领导、有关专业人员及邀请社外有关专家等组成。米增福任主任委员；高镇都、陈民扬任副主任委员；孙善秋任专职秘书长。同时成立了安全委员会、保密工作领导小组、综合治理领导小组。

4月2日 召开第一届职代会第二次会议，主要审议通过《出版社工作报告》及奖金分配、浮动工资、岗位与职务津贴办法等。

5月10~13日 在杭州召开第二届交通图书网点经验交流会。

5月11日 苏联运输出版社社长季托夫一行2人来访。

5月25日 根据交通部发文规定：以经营为主的企业性单位必须与国家机关、事业单位的工资制度脱钩，实行工资转制，即改为企业工资制度的精神，我社呈报的工资改制方案，经交通部批准，并从1989年10月1日起执行，全社参加工资转制共211人。

同日 新闻出版署核发了“出版社登记证”(京)091号，ISBN 7-114。

6月5日 与美国娜妃奥斯船务有限公司、英国公平出版有限公司合作出版《中国主要外贸港口》(英文版)一书。

6月29日 武崇理被评为国家机关优秀党员。

7月30日 首届职代会第三次会议审议通过《效益工资正常升级暂行办法》。

10月15日 人事劳资工作由社长办公室划归党委办公室。

10月28日 《新编汽车驾驶员读本》(上、下册)获第四届全国图书“金钥匙”优胜奖；《公路会计学》获陕西省社会科学优秀成果奖。

11月 副社长高镇都率发行部人员参加由20多家科技出版社在昆明举办的图书看样订货会。此次订货量是我社全年发行营业额的五分之一，是历届最多的一次。

12月1日 首届专业技术职务评审委员会终止，组建第二届专业技术职务评审委员会。

12月11日 在北京召开交通部客票工作会议，财务司司长朱耀庭、办公厅主任张树青、体改司副司长孙荣兴、运管司处长庄善珍等出席了会议。会议决定由我社印刷厂承担印制任务。

12月17~28日 苏联运输出版社社长季托夫等5人来华访问，与我社商谈合作出版交通科技图书事宜，并商定联合编写《现代城市交通》一书。

12月24日 召开社机关工会会员代表大会，选举产生了第二届工会委员会。

本年 落实中央关于整顿、压缩出版社的指示，撤销了“人民交通出版社新疆民族文字编译部”。

同年 在全国设有18家代销店。

同年 我社被中央国家机关迎亚运精神文明综合治理领导小组评为中央国家

机关迎亚运精神文明综合治理先进单位。

同年 印刷厂购置一套华光－IV 型照排设备，实现国产化，淘汰了“写研”照排系统。

1991 年

1 月 1 日 开始对交通部第二轮承包。

1 月 3 日 部直属机关工会批准社第二届工会委员会组成。主席郭荣，另兼职副主席及委员 9 人。

1 月 21 日 申请将“北京东城交通书店”更名为“人民交通出版社书店”。

3 月 20 日 我社印刷厂被国家新闻出版署首批指定为“书刊印刷国家定点企业”。

3 月 21 日 交通部任命陈群林为社长。

3 月 30 日 召开第二届职工代表大会第一次会议，主要审议通过了“人民交通出版社第二步改革方案”。

3 月 与中国交通工程学会合创《中国交通工程》（后改《交通工程》）期刊。

4 月 1 日 印刷厂成立票证车间。订购日本国友硬板票印刷机两台。4 月副社长高镇都率队赴日本验收。

4 月 5 日 交通部运管司在上海召开客票座谈会，论证研究客票印制规模、数量、运输及相关的技术应用，4 月 10 日印刷厂开始进行承接印制客票的前期准备工作，先后得到大连、上海、广州、黑龙江、江西等水运、客运部门的支持配合。

4 月 18 日 交通部审计局对我社 1988 ~ 1990 年承包经营责任制进行审计，我社全面超额完成了各项指标。

4 月 25 日 印刷厂成立票证车间，开始向国内外有关厂商订制硬票机的专用裁切设备。

5 月 部运管司正式下文指定印刷厂印制交通部直属水运客票任务。

6 月 3 日 交通部批复，同意我社邀请日本交通运输工程学者佐佐木纲参加武汉会议后顺访北京，来我社参观访问。

6 月 22 日 印刷厂从日本进口两台硬板票印刷机，由日方调试交接完毕。

7月4日 交通部批准增补陈群林为社党委委员；免去康树元社党委委员、副书记职务。

7月13日 交通部同意我社实行社长负责制。

8月1日 推荐副社长高镇都为中国航海学会第三届理事。

8月23日 交通部批复同意我社三个工作条例（即社长工作条例、党委工作条例、职代会工作条例）。

9月7~10日 召开第二届职代会第二次会议，推选产生社第二届管理委员会，主任陈群林，委员共12人。

9月11日 根据交通部8月17日发文组织编写《新中国留学归国学人大词典》的通知，社报送陈民扬入典。

10月 成立“部门目标经营和目标管理方案研讨小组”。

11月3日 交通部决定我社领导干部职数为6名：行政为一正三副；党务一正一副（副职兼纪委书记）；党委成员5~7人。

11月 新闻出版署批准我社的《多边界石方爆破工程》、《轮机工程手册》（上、中、下）、《海商法大辞典》、《中国古桥》、《高速公路丛书》等6种选题列入国家“八五”重点图书选题规划。

12月28~30日 召开第二届职工代表大会第三次会议，主要议题：①审议通过《关于完善部门目标经营和目标管理责任制的决议》；②讨论社长年度工作报告。

本年 《公路小桥涵手册》获第一届全国“星火计划”丛书优秀图书奖。

《坚定的共产主义战士严力宾》获第五届全国图书“金钥匙”优胜奖。另此书以及《从独木舟到宇宙飞船》、《航海故事选》3种书同获《中国妇女报》等单位联合举办的第三届“日月花杯”优秀图书奖。

1992年

1月1日 印刷厂票证车间正式投入生产，承印了广州、上海、大连、黑龙江、山西等客运单位的硬板票，从而结束了交通部自己不能印制客票的历史。

1月13日 决定抓紧筹备发行宣传会议和社庆40周年图书联展的准备

工作。

2月20~24日 于西安公路学院召开发行宣传暨第四届发行网点经理会议，有18个网点经理参加，其他交通部门的杂志社、报社的主编、编辑、记者也应邀参加了会议。

2月22日 部财会司通知，我社印刷厂列为中型企业单位。

3月23日 在财政部、国务院生产办公室《关于下达折旧基金免征“两金”的国营大中型工交企业名单的通知》中，印刷厂被列入“交通部折旧基金免征‘两金’的大中型企业”。

3月24日 新疆维吾尔自治区交通厅同意开办喀什、和田、伊犁地区交通书店（均由新疆发行站领导和管理）。

3月25日 第二届职代会第四次会议审议通过《人民交通出版社职工住房分配办法》（芍药居一期工程）。

4月8日 复函同意郑州交通技工学校成立“郑州交通科技书店”。

4月16日 根据新闻出版署、国家工商行政管理局《关于出版社自办发行图书的规定》，制定了《人民交通出版社销售网点管理办法（试行）》。

4月20日 为加强管理，明确职责，提高效率，制订《生产经营管理办法》。

4月21日 复函，同意集美航海学院成立“厦门交通书店”。

4月27日 收新疆维吾尔自治区交通厅同意开办阿克苏地区交通书店（由新疆发行站领导和管理）的批复。

5月5日 制订了流动资金、成本、社外加工、协作出版四项管理办法。

5月9日 同意青岛远洋船员学院建立“青岛远洋船员学院交通书店”。

5月9~20日 参加中国出版工作者协会在北京举办的第七届首都社科书市、第八届科技书市。

5月11日 复函同意中华人民共和国船舶检验局上海分局成立“上海船舶检验交通书店”。

6月12日 经社推荐，黄小牛同志被部评为交通系统优秀大学毕业生。

6月15日 印发社《图书约稿合同》、《图书出版合同》标准文本及其实施细则。

6月29日 复函同意山东潍坊汽车运输总公司成立“交通部人民交通出版社潍坊交通书店”。

7月3日 签订委托《新颁交通行业工人技术等级标准考核问答》编委会发行组独家发行《新颁交通行业技工等级标准考核丛书》的协议。

7月7日 复函同意交通科技杂志社成立“西安交通科技书店”,条件成熟,可改为发行站。

同日 交通部任命:高镇都为社长;黄大斌为副社长。同时部党组决定高镇都兼任社党委书记。免去陈群林社长和党委委员职务。

7月15日 复函同意四川省公路运输服务中心成立“成都交通书店”。

8月16日 就开办“交通科技服务中心”呈报部办公厅。

8月31日 复函同意哈尔滨市交通局运输管理处成立“哈尔滨交通书店”。

9月2日 同意安徽省交通科学研究所建立“合肥交通科技书店”。

9月15日 复函同意吉林省交通学校成立“长春交通书店”。

9月25日 制定畅销书、扩大印数、增收节支的奖励标准。

9月 “北京市东城区交通科技服务中心”经批准成立。

10月5日 制定纸张节约奖励办法。

10月12日 向部人劳司报《关于增设总编办公室和生产经营部的请示》。

10月13日 总编办公会议决定,6种图书列入国家“八五”重点选题,1993年应出《轮机工程手册》、《现代城市交通》、《多边界石方爆破工程》3种图书。

10月14日 部政法司同意我社承接《修船价格目录》、《世界修船手册》、《港口工程设计手册》3书的广告业务后,经在北京市工商行政管理局登记,发给《临时性广告经营许可证》“(京)工商广临字212、213、214号”。

10月15日 以离退休老干部为主的“北京市东城区和平(后改‘交海’)科技咨询部”(社会集资的集体所有制)开业,注册号01008130。

10月20日 复函同意上海市航海学会成立“人民交通出版社上海读者服务部”。后向其投入1.5万元。

同日　成立“北京顺通广告公司”单独核算，自负盈亏的集体所有制企业。

10月24日　复函同意武汉水运工程学院教育科技开发中心建立“人民交通出版社中南图书发行公司”。

10月26日　复函同意辽宁省交通高等专科学校成立“辽宁交通书店”。

同日　制定并实施《书稿档案管理办法》。

10月28日　印发《社内放开出书分工范围的办法》。

10月　经部批准，印刷厂党总支改为党委（属社党委领导）。

11月24日　第二届职代会第五次会议召开，听取高镇都社长《解放思想，团结奋斗，再创佳绩》的工作报告，《关于庆祝建社40周年筹备工作的汇报》，讨论通过《关于进一步完善部门目标经营和目标管理责任制的决议》等。

12月8日　建社40周年纪念日。交通部原部长王首道和孙大光分别为我社题词。王首道部长题词：“发扬艰苦奋斗精神，认真做好出版工作”；孙大光部长题词：“提高出版工作水平，为交通科技现代化服务”。另有作者李国豪、杨烈宇、赵祖康、严恺也分别题了词。

12月18日　函告同意博华实业服务公司成立“博华实业公司人民交通出版社图书经销部”。

12月21日　交通部任命：李家本为总编辑。免去陈民扬总编辑职务。

12月28日　公布样书发放范围及管理办法。

12月　职工人数（包括临时工）：201人（女93人，男108人），离退休职工56人（离休29人，退休27人）。

本年　大屯建成比较先进的书库，交付使用。

1993年

1月5日　印发1992年11月25日职代会通过的《进一步完善目标经营和目标管理责任制的决议》，主要内容包括：基本原则、考核指标、奖励、扣罚、考核等五项。

1月19日　为配合国家于1992年11月7日公布的《中华人民共和国海商法》的实施，向部呈报《关于组织编写〈海商法大辞典〉的请示》。1987年曾将此书列入选题计划，1990年新闻出版署将此书列为国家“八五”计划重点图书选题。

1月20日 印发经1月4日社党政领导联席会讨论通过的《关于处级行政领导干部实行聘任制的暂行规定》。

2月1日 印发《文书、档案管理暂行规定》。

2月4日 批复同意印刷厂经1992年12月18日党员大会选举产生的党委、纪委组成。党委书记兼纪委书记：徐文学；副书记：李冰天；党委委员7人；纪委委员4人。

2月6日 黄镇东部长对编写《海商法大辞典》指示：“同意开展工作，但经费问题要另议，最好是出版社解决，从出书回收中扣回。”此书编委会主任：刘松金（副部长）；副主任：张忠晔（部体法司副司长）、张叔辉（部科技司副司长）、高镇都（本社社长）；主编：司玉琢（大连海运学院院长）；委员若干名，由部和有关司局领导、部所属有关单位领导和专业技术人员担任。

2月12日 “北京顺通广告公司”在北京市东城区工商局办妥营业执照，正式开业。

2月15日 在我社召开《中国道路运输》杂志组建筹备处会议。

2月22日 社团委经部直属机关团委考核，被评为1992年度“双合格”建设工作先进团组织。

3月5日 重新制订了《生产经营管理办法》，共九章。

3月8～11日 于济南举行第五届发行站、交通书店经验交流会议，来自19个省、市、自治区的48个发行网点（站、店）和有关单位代表及特邀代表共58人参加。

3月19日 社党委研究同意席宇鹏为印刷厂副厂长。

3月25日 部人劳司批准我社机构设：党委办公室、社长办公室（对外称人事处）、计划财务处、行政管理处、公路图书部、汽车图书部、水运图书部、综合图书部、发行部，行政级别均为正处级。核定事业编制200人，其中专业技术干部占总编制的73%，党政管理干部占20%，工人占7%。核定中层干部职数22人（其中正处11人，副处11人）。印刷厂为社直属单位，正处级，厂级党政领导干部职数6人

(其中正处2人,副处4人)。

3月27日 我社被部直属机关交通安全委员会评为1992年度交通安全先进单位。

3月31日 印发《人民交通出版社发行网点对发行部奖罚办法》及《人民交通出版社对发行网点的奖罚办法》。

4月17日 部直属机关工会"合格'职工之家'"验收组一行5人来社验收,验收合格,授予"合格职工之家"称号。

4月29日 交通部批准印刷厂更名为"北京交通印务实业公司"(6月12日公司正式成立,7月1日正式更名)。

5月4日 部党组同意在第三届党员代表大会选举产生的党委会及纪委会。任命党委书记高镇都;副书记董义臣;委员有米增福、黄大斌、李家本、张德明、徐文学。董义臣兼纪委书记,纪委委员4人。

5月6日 收武汉工学院函,聘请李家本任汽车运用专业学科建设指导委员会委员。

5月10日 函告广州航海高等专科学校同意成立"广州交通书店"。

同日 函告山西省汽车工程学会,其所属"太原风弛汽车书店"为我社发行网点。

5月11日 印发《编辑工作手册(二)》,共十六篇。

5月12日 与北京圣波计算机开发部成立"人民交通出版社发行部金台路门市部"。

5月19日 函告新疆交通厅编译室,同意成立"人民交通出版社新疆图书贸易公司",即原"人民交通出版社新疆发行站"与"编译室"合成一个经济实体,更改为此名。

5月 印刷厂厂长李冰天经部批准,随中国国际贸易促进委员会首次组织我国印刷工业赴美考察团到费城、华盛顿、洛杉矶等地参观访问。

6月15日 印发《关于在业务开拓和生产经营活动中若干政策界限的暂行规定》。

6月18日 三产性质的"北京交实贸易公司"正式营业,由行管处及编辑部改变管理体制分离出来的人员组成。

6月22日 交通部审计局《开展第二轮承包和任期经济责任审计工作总结》中,我社被列为6家完成全部承包项目和承包考核经济指标的单位之一(共18家承包企业),又是17家完成上交国家利税任务的单位之一,还是7家提足了核定工资总额的单位之一。

6月23日 根据新会计制度对《成本费用管理办法》进行修改调整后,于7月1日执行。

6月24日 印发《调书管理办法》,7月1日执行。

8月3日 中国出版工作者协会科技出版工作委员会告知,推荐高镇都为中国版协第三届换届理事候选人。

8月7日 向部呈送申请《车城》(月刊)杂志期刊号的报告。《车城》由我社与香港贝思出版有限公司合作出版,我社负责终审。

8月18日 设立《车城》编辑部。

同日 复函吉林工业大学汽车工程系,同意成立"吉林工业大学交通书店"。

9月13日 向部呈报《1993年至1995年社长任期目标方案》。

9月17日 我社与中国道路运输协会成立"中国道路运输杂志社"。

10月4日 批复郑州市交通技工学校,同意"郑州市交通科技书店"改为"人民交通出版社郑州发行站"。

10月6日 中国道路运输协会和我社联合创办《中国道路运输》杂志,经过6个月的筹备,提出了办刊方案。

10月9日 中国公路学会告知,金如霆被收入《中国名人大词典》。

10月14日 印务公司根据市场情况,调整生产结构,撤销了微利、劳动密集型的装订车间,开发上马了利润较高的票据印刷。购置电子票机一台,印制出第一批电子票。

10月25日 部《关于部属企事业单位第二轮承包合同指标和1991~1992年度任期目标完成情况的通报》中提到我社和印刷厂全员劳动生产率指标超额完

成，且增长幅度较大。

11 月 20 日 向部呈《关于成立〈车城〉杂志社和人员配备的报告》。

11 月 26 日 部批复同意我社合作出版《车城》丛书。

11 月 我社参加的全国科技出版社社长、总编辑第十一届年会上，进一步研究《当代科技重要著作丛书》的组织、出版工作。决定按原计划出版，坚持到 2000 年。我社米增福为领域协调组组长，办事机构设在我社。

12 月 10 日 第二届职代会第六次会议召开，会上审议高镇都《认清形势，抓住机遇，开拓进取》的社长工作报告；通过关于继续充实和完善部门经营和目标管理责任制的决议，1993 年财务开支及 1994 年财务预算的报告，交实公司经营情况的报告等。

12 月 20 日 函告广州海运局培训中心，同意成立“广州交通书店”。

本年 向江苏沭阳通海化工制品有限公司(集体所有制)投资 20 万元。

1994 年

1 月 3 日 部运输管理司发成立《中国交通营运里程图》(新编版)编委会及召开第一次编委会议的通知。决定 1 月 20 ~ 22 日在北京召开编委会会议。编委会成员有部郭生海、谢景星，社高镇都、李家本及张玉栋、杨真等。

同日 印发《关于继续充实和完善部门目标经营和目标管理责任制的决议》。

1 月 10 日 部教育司函告，全国第二届优秀教材评审和部级优秀教材评审中，我社公开出版的 16 种教材获奖。《工程结构可靠性设计》、《电航仪器》、《兴波阻力理论基础》3 种图书获国家优秀教材奖；《电航仪器》、《港口规划与布置》、《路面工程》、《海岸动力学》4 种图书获部级优秀教材一等奖；《桥梁工程》、《汽车运输学》、《测量学》、《水运商务管理》、《船舶操纵与避碰》(上、下册)5 种图书获部优秀教材二等奖；《土力学与地基》、《航海心理学》、《汽车运输会计》、《土质与土力学》、《专业英语》5 种图书获鼓励奖。教育司向各书的责任编辑核发了荣誉证书。

1 月 25 日 部决定由我社出版大型系列丛书《交通行业工人技术考核问答丛书》。为确保及时、保质、保量、按期顺利完成任务，将此书定为本年重点图书，进行统一管理，原则上在年底出齐。并制定了《〈交通行业工人技术考核问答丛书〉出版管理办法》。

1月26日 公布《人民交通出版社机构编制、设岗定员方案及各部门主要工作职责》。

2月25日 中国出版工作者协会通知,我社李家本总编为中国出版工作者协会委员。

2月26日 部台湾事务办公室批复,同意高镇都社长赴台湾参加中国图书进出口总公司承办的1994年大陆图书展览。

3月2日 发出关于商洽调整《当代科技重要著作·交通领域》出版协调组员的函。

3月12日 第五次社务会研究,同意在深圳设立人民交通出版社驻深圳办事处。

3月14~17日 在厦门集美航海学院召开"人民交通出版社第六届全国发行站、交通书店经验交流会",29个发行网点的代表出席了会议。公路杂志社、新华书店北京发行所、香港贝思出版有限公司的代表应邀出席了会议。

3月18日 同意"郑州市交通技工学校科技书店"改名为"人民交通出版社郑州图书发行公司"。

3月21日 部人劳司成立《交通行业工人技术考核问答丛书》总编委会,我社正、副社长为委员。

同日 报送"中国第六届合作出版洽谈会申请表",拟参展图书:《土木工程力学手册》、《板结构》、《公路工程国际招标文本范本》、《汽车维修工2000答疑》、《中国海商法问答》、《中国石桥研究》、《日汉汽车技术辞典》、《汽车故障排除》、《公路运输经济词典》、《英汉航海辞典》共10种。

3月30日 在加快改革开放和经济建设的新形势下,为使我社图书满足交通事业飞速发展的需要,多出好书,更好地为广大读者服务,聘请上海港务局的包起帆为社特约顾问和特约编审;上海船检局的许云秀为特约顾问和特约编审、何伟龙为特约编审;上海航海学会曹忠铨、苗庆芝、陆平山为特约编辑;上海港口机械厂李士瀛为特约顾问和特约编审。

4 月 8 日 同意成都汽车杂志社成立“人民交通出版社成都发行站”。

4 月 18 日 向 35 个发行站、店印发《第六届人民交通出版社发行站、交通书店经验交流会通报》及《人民交通出版社发行网点推荐选题、组稿及有关奖励办法》和修订的《人民交通出版社发行网点奖罚办法》,1992 年制订的办法作废。

5 月 12 日 部批准李家本总编辑、蔡培荣副总编辑于 6 月 9 ~ 24 日前往新加坡参加“94 年新加坡世界华文书展”。参加单位有北京对外合作出版社联谊会的 7 家出版社和 1 家公司。李家本为联谊会常务理事,蔡培荣为联谊会副秘书长。

5 月 26 日 同意江西省交通规划勘察设计院成立“人民交通出版社南昌交通书店”。

6 月 28 日 为实现办公自动化,我社首次购置 8 台 ASTB/33(2M,170M)计算机、1 台四通 2411 打印机、3 台 EPSON1600K 原装打印机等。

7 月 13 日 根据新闻出版署有关规定,制订印发了《图书成品质量检查规定》。

7 月 18 日 中国道路运输协会同意我社为直接入会的团体会员。

8 月 15 日 申请作为团体会员参加中国音像协会。

9 月 5 日 在我社召开《当代科技重要著作 · 交通领域》出版协调组第二次会议。参加会议的有:机械工业出版社、同济大学出版社、上海交通大学出版社、天津大学出版社、东南大学出版社、天津科学技术出版社、安徽科学技术出版社。全国科技出版工作委员会罗见龙副主任应邀出席会议。会议对 1988 年 6 月以来的工作做了简要回顾和总结。另增补同济大学出版社黄国新总编辑为出版协调组副组长。

9 月 9 日 部下文免去黄大斌副社长职务;任命黄大斌为社党委副书记兼纪委书记。免去董义臣党委副书记兼纪委书记、党委委员职务。

10 月 21 日 根据新闻出版署要求,社决定从 1994 年 11 月起在出版物上使用条码。

10 月 24 ~ 26 日 在北京召开发行网点经理会议,清理、清点账务、库存及订货等。

11月8日 “人民交通出版社发行部金台路门市部”，因受到《北京晚报》11月7日登文批评，社决定撤销该门市部。

11月9日 “中国音像协会”接受我社为团体会员。

11月29日 召开第二届职代会第七次会议，高镇都社长做《转换生产、经营机制，深化内部改革，进一步促进我社经济的发展》工作报告。

12月3日 部下达关于成立《海商法大辞典》编审委员会的通知，刘松金副部长任主任委员。具体编写工作由我社负责。顾问：邬福肇（全国人大常委会法律委员会委员）、郭日齐（国务院法制局顾问）；副主任：张忠晔（部体法司副司长）、张叔辉（部科技司司长）、高镇都（社长）、司玉琢（大连海事大学校长）；委员有：水运司司长、安监局局长、外事司司长、人劳司副司长、教育司副司长、救捞局局长、船检局局长、国务院参事、中国海事仲裁委员会副主席、最高人民法院交通审判庭副庭长、中国远洋运输（集团）公司总船长、上海海运（集团）公司总经理、大连海运（集团）公司总经理、华厦企业有限公司副总经理、上海海运学院国航系主任及我社编审唐本立，共20人。

12月6日 向中国老科学技术工作者协会交通分会提出入会申请。

12月27日 中国出版工作者协会、中国编辑学会在京召开“首届全国优秀中青年图书编辑表彰大会”。我社编辑蒋明耀荣获首届全国优秀中青年图书编辑奖。

同日 印发第二届职工代表大会第七次会议审议通过的《关于进一步转换生产经营机制，深化内部改革的决议》，主要内容：改革的总体框架、主要考核指标、奖励办法、扣罚办法、考核办法。

1995年

1月14日 印发修订的《社内机构编制、设岗定员方案及各部门主要工作职责》，要求在2月1日前签订聘用合同。

2月1日 北京顺通广告公司从水运图书部中脱离出来，实行独立承包经营，自负盈亏，对社交利润，并制定了《顺通广告公司内部管理条例》。

2月15日 推荐吴德心（副总编兼总编办主任）为中国公路学会和桥梁结构工程学会第四届理事会理事。

2 月 16 日　印发《关于进一步转换生产经营机制,深化内部改革的决议》。

2 月 17 日　社长办公会议决定组建地图编辑室。负责地图方面的选题、编辑及全社地图类书籍的终审、报批管理。

2 月　部体法司向新闻出版署推荐我社为良好出版社。

3 月 10 日　印发 1993 年 12 月 13 日经社第二届职代会第六次会议审议通过的《关于通过逐级聘用实行合理劳动组合的暂行规定》、《关于处级行政领导干部实行聘任制的暂行规定》、《关于实行专业技术职务聘任制的暂行规定》、《关于待岗人员管理的暂行规定》。经一年实践,证明此 4 项规定对推进人事劳动制度改革起到了积极作用,所以在进行个别修改后重新颁发。

3 月 14 日　印发 1995 年 2 月 24 日经社第二届职代会第七次会议讨论通过的《岗位薪点工资制度暂行方案》。

3 月 21 ~ 24 日　在武汉交通科技大学召开武汉中南图书发行公司第二届董事会第一次会议。推荐高孝洪为董事长,李家本为副董事长。由董事长提名,李滋湘续任总经理。

3 月 22 日　推荐韩敏为中国公路学会筑路机械学会第四届理事会理事(连任)。

4 月 7 日　向部人劳司请示增设地图室、声像部、印务部、经营开发部、老干部处等 5 个机构。

4 月 8 日　社批准印务公司撤销了存在污染、工艺落后的铅排系统,与广东省中山市长和实业有限公司合作,将生产厂房和办公楼改建成商业写字楼,开始“长和大厦”A 座及长和大厦 B 座写字楼的商业租赁经营。

4 月 11 日　印发我社《图书出版基金管理条例(试行)》、《图书出版基金专家评委会组织条例》、《图书出版评审办法》,从 1 月 1 日起试行或实施。

4 月 25 日　中国老科学技术工作者协会交通分会同意接纳我社 18 名中级以上职称的退离休科技工作者为团体会员。

4 月 30 日　长沙交通学院聘请李家本总编辑为汽车运用工程专业和学科建设的客座教授。

5月6日 中国道路运输杂志社聘请李家本总编辑担任该刊审读员。

5月11日 西安公路交通大学(原西安公路学院)继续聘请李家本总编辑为兼职教授。

5月29日 米增福副社长当选为中国公路学会第四届常务理事。

6月16日 原“交通书店”改名为“北京兴通交通书店”。

6月22日 推荐夏平飞为全国高等学校载运工具运用工程(汽车)专业教学指导委员会委员候选人。

7月21日 我社派12人参加交通部直属机关第二届职工游泳比赛,荣获团体总分第一名(上届获第四名)。

同日 向部教育司申报董雅文为高等院校港航专业委员会委员的报告。

7月27日 推荐常行宪为中国交通工程学会理事。

7月 我社出版的《中国石拱桥研究》,在新闻出版署主办的第七届全国优秀科技图书评选中获二等奖。

8月22日 部决定:李家本任社长;黄大斌兼任副社长;黄伟、郝爱国任副社长;米增福任巡视员,免去其副社长职务;免去高镇都社长职务。

部党组决定:黄大斌任社党委书记,免去其副书记兼纪委书记职务;张德明任党委副书记兼纪委书记;增补黄伟、郝爱国为党委委员。免去高镇都党委书记、委员职务;免去米增福党委委员职务。

9月5日 推荐张向东为北京造船工程学会第五届理事会理事。

9月8日 印发《行政工作会议制度》,会议主要指社长办公会议、社务会议、总编办公会议、生产会议、管理委员会会议及其他临时召开的会议。

9月18日 新领导班子运转后的第一次社长办公会召开。

9月20日 向部人劳司请示由我社会同中国交通报社建立“交通部新闻出版专业高级职务任职资格评审委员会”。

10月4日 向部人劳司请示我社单设人事处。

10月13日 召开计算机使用、管理情况座谈会。李家本社长指出,主要是弄清全社微机使用情况和存在的问题,确定实现全社生产、管理计算机化的初步方案。为了加强“用”和“管”,将建立计算机管理小组,挂靠在社办。

10月18日 成立计算机应用、管理小组,挂靠社长办公室。组长:吴德心;副组长:黄小牛;组员3人。并制定了小组的职责。

10月20日 第二次社长办公会议,主要是提出今后生产要控制总量,保证效益和质量,定出运行章程,照章办事。抓紧进行生产方面的微机管理,提出编辑工作上机的要求。

10月23日 第二次社务会,要求各部门研究企业形象建设,搞一个企业形象工程。经济增长方式由粗放型向集约型转变,建立完整的生产指挥和质量保证系统,建立完整的经济控制体系。发展多种经营,要考虑多几个经济支撑点,具有更大的承担风险的能力。

同日 社党委研究决定,任命席宇鹏为印务公司党委书记。免去徐文学党委书记和委员职务。

10月25日 同意印务公司撤销珠海分公司。

10月31日 社研究决定聘任李冰天为印务公司总经理兼总经济师,任期3年。

11月4日 第三次社长办公会,对全员考核办法进行修改并决定12月份开始考核工作。

11月8日 李家本社长、黄大斌书记、郝爱国副社长、张德明副书记及党办、人事处人员,到印务公司宣布新一届公司领导班子:李冰天为总经理兼总经济师;席宇鹏为党委书记兼副总经理;阎振华、田莲华、吕延春为副总经理;杨景亮为总工程师;王玉亭为副总会计师。免去徐文学党委书记、委员职务。

12月5日 派张向东参加在上海举办的1995年国际海事技术学术会议和展览会。

12月6日 社党委决定:任命席宇鹏兼任印务公司纪委书记。免去徐文学纪委书记、纪委委员职务。

12月8日 部人劳司通知,经部领导批准,同意组建交通新闻出版专业高级职务任职资格评审委员会,评委会由人民交通出版社、中国交通报社和交通系统其他单位的高级专业技术人员组成。下设新闻与出版两个专业评审组，具体工作由两社负责，办公室设在出版社。评委主任李家本，副主任李士民（报社）和梁恩忠，委员有黄伟、吴德心、蔡培荣、孙善秋、李文臣、常行宪、张向东及报社人员共25人。出版专业评审组组长梁恩忠，成员有吴德心、蔡培荣、孙善秋、李文臣。

12月13～15日 第三届职工代表大会第一次全体会议召开，审议通过了李家本社长《增强市场竞争实力，进一步促进我社全面发展》的工作报告，审议了《“九五”规划纲要》、《1995年财务状况和1996年财务预算的报告》、《1995年房改工作报告》，审议决定了《职工宿舍管理规定》、《关于职工调动住房管理规定》，选举产生了参加第一届社管理委员会的成员。社长提出1996年改革工作要点：建立和完善三个系统（即统一的生产管理宏观调控、高效的社内资金调控、质量管理）；深化两个改革（目标责任制、人事分配制度）；发展三项业务（通过重点促进发行、新出版业务、多种经营）；处理好“稳定、改革、发展”三者关系。

12月21日 经第三届职工代表大会第一次会议选举产生了第三届管理委员会，主任李家本，成员有黄大斌、张德明、黄伟、郝爱国、卢绪妹、郭荣及8名职工代表。

12月28日 向李居昌副部长请示成立“公路图书出版指导委员会”。

本年 印务公司总经理李冰天经部批准，随北京地区印刷协会组团赴香港及东南亚地区考察。

同年 我社为中国船舶工业行业协会会员单位（证书编号：0014）。

同年 制订了社“九五”规划纲要（共三章18条）。

1996年

1月3日 第一次社长办公会决定，全社处级以上干部上岗前一周脱产学习。社领导研究1996年各部门干部的调整，1月底前决定各部门负责人。李家本社长提出，做好管理工作是“九五”目标能否顺利实现的关键，坚持以人为本的管理，把提高管理干部的素质作为近期工作的重点。

1月8日 部人劳司批复同意社人事、劳资管理等职能由党委办公室划出，单设人事处。

1月10日 向部体改法规司报告《"九五"重点音像制品出版规划》。

1月11日 李家本社长向洪善祥副部长汇报工作。主要汇报刚结束的全国科技出版工作会议情况,出版社近期主要工作。洪副部长听后对解决出亏本书的办法、富余人员安排、多种经营、部机关的出书、出版报告等几个亟待解决的问题谈了意见,最后要求,既然制定了"九五"规划,就要团结全社干部、职工,扎扎实实地一步一步予以落实。

1月15日 第一次社务会。会上提出:1995年领导班子已明确了"狠抓出版社的发展"的工作目标,制订了今后五年的发展目标及规划,完善了社长负责制。新的一年要实现"加快发展"的目标,各项管理,尤其是基础管理工作是关键。干部岗前进行培训,做到明明白白地上岗。决定人事处从党办分出,老干部处并入人事处;设副总会计师;照排划入交实公司;组建教材室和对外合作部。积极寻求《车城》月刊的出路。

1月17日 根据部教育司教材出版领导小组建议,决定成立教材室。

1月22日 成立对外合作部。

1月29日~2月1日 举办1996年中层干部岗前培训班,各部门第一负责人脱产学习。李家本社长传达了全国交通会议和全国科技出版工作会议精神,其他社领导分别讲课。提出"以身作则、认真读书、勇于开拓、无私奉献、善于团结、作风民主"六项要求。学习期间,部人劳司谭占海司长、部直属机关党委王瑞祥副书记到会并做指示。各部室领导递交了本部室《1996年工作目标、措施及今后几年工作设想》,并与社长签订综合目标责任书。最后李社长鼓励全体职工"攀登高峰需要志气,克服困难需要勇气,成就一番大事业,非有奋发进取的精神不可"。

1月31日 部人劳司发《关于表彰〈交通部部属单位机构编制标准与管理的研究〉课题研究人员的通知》(此课题获部1995年科学技术进步三等奖)。对参加课题全体人员颁发证书,并予以通报表扬。我社有张德明、刘晶秋、苏红莲。

2月5日 社团委被部直属机关团委评为1995年度先进团组织,被表彰。

同日 我社在国家科委、中国科协组织的全国先进科普工作集体和全国先进工作者的评选中,被评为"全国先进科普工作集体"。

2月26日 社党委决定从1996年开始在职工中开展两祝贺(生日、结婚)、两慰问(生病住院、直系亲属去世)、两帮助(家庭发生意外困难、扶贫干部家庭有困难)活动,关心职工生活。

2月27日 袁素桢被评为全国交通系统财会工作先进工作者。

2月28日 第二次社务(扩大)会召开,李家本社长指出,3月要抓好三个系统(生产指挥、资金调控、质量保证)建设;开好两个会(财务、纪检监察);搞好企业形象设计。

3月1日 许代娣被部直属机关工会、妇委会评为"巾帼建功"活动标兵。

3月7日 向新闻出版署报告我社6本"八五"重点图书出版情况,其中已出版的有《现代城市交通》(改名《中国城市交通》)、《中国古桥》(改名《中国石桥》)、《多边界石方爆破工程》、《轮机工程手册》,1996年出版的《海商法大辞典》,在生产的《高速公路丛书》。

3月8日 印发《管理部门1996年度工作目标》。

3月21日 部直属机关党委批复,同意增补王建中、席宇鹏为社党委委员。

3月26日 推荐李家本社长兼总编辑为中国老科协交通分会首届理事。个人会员申请的有米增福、唐本立、丁香云、孙善秋、高镇都、李文臣、蔡培荣、李家本。

3月29日 向部呈送关于申请出版《车城》月刊杂志的报告。原已申请两年,现按新闻出版署有关规定和要求进行审核,而重新申请。

4月3日 印发《开展"重塑我社总体形象"活动的工作计划》,时间为4~7月,步骤分动员学习、组织实施、评议总结三个阶段。

4月9日 决定从5月1日起,执行修订的《样书发放范围及管理办法》。

4月11日 成立质检室,以加强图书质量管理,使之规范化、制度化,经常化。

4月 《汽车驾驶员培训教材》获第八届全国图书"金钥匙"优胜奖。

5月2日 中国老科协交通分会通知我社参加首届一次代表大会人员有:李家本、魏启宇、陈民扬、金如霆、王应荣、金振远、王肃仪。

5月8日 成立社"思想政治工作暨党的建设研究会",会长黄大斌,副会长张德明,秘书长王建中。支部书记和处级以上党员干部均为会员,计有40人。制订了研究会章程，确定了研究课题。

5月9日 社长办公会决定交实公司与兴通交通书店联合，扩大书店经营范围（增加外版科技图书），书店行政上划归交实公司管理，经济上各自独立，原承包指标不变。

同意汽车图书部承担汽车运输学会秘书组工作；责成社办、公路图书部协助交通工程学会办理《交通工程》办刊手续，并争取主办此刊物。

5月10日 致函中国公路学会道路工程学会，申请在换届时增补我社一理事名额。

5月14日 印发《关于开展"重塑我社总体形象"活动第一、二部分的通知》，即精神文明和服务态度及服务质量两部分。

5月16日 中国航海学会向我社核发了"中国航海学会团体会员证书"。

5月20日 向西安公路交通大学"交通书店"赠送《机动车驾驶员考试手册》25000册。

6月6日 中国教育学会基础教育图书研究会筹备委员会在京召开第一次会议，我社为该会发起单位之一，李家本社长被推举为筹委会副主任。

6月7日 我社出版的《汽车构造》（上、下册）荣获机械工业部第三届高等学校机电类教材评奖活动的一等奖。

6月18日 印发《关于开展"重塑我社总体形象"活动第三、四部分的通知》，即环境、标志和口号部分。

6月20日 为落实新闻出版署对教学用书质量检查的决定，由陈民扬、王应荣对1995年出版的45种大中专教材和技工教材进行了抽查，抽查5%，共3种书：《桥梁计算示例集》、《水力学及桥涵水文》、《力学》，前者为优质品，后两者为良好品。抽查结果报部体法司。

同日 许代娣被评为中央国家机关优秀党员。

6月25日 中国教育学会基础教材图书研究会筹委会邀请我社参加该会。

6月27日 推荐沈鸿雁为公路学会道路工程学会理事。

7月3日 中国港口协会接纳我社为团体会员，黄小牛为第四届理事会理事。

7月15日 新疆交通厅请示成立"人民交通出版社民族文字编辑部"。

7月16日 成立"图书印数和定价决策小组",由黄伟副社长及副总编和总编室、发行部、编辑部、印务部、财务等部门负责人组成。

同日 部体法司向新闻出版署报送《关于人民交通出版社教学用书质量检查的报告》,并要求我社通过这次检查,继续抓好教学用书质量,多出精品图书。

同日 沈鸿雁被增补为部直属机关团委常委。

7月23日 向部请示,可否同意"新疆交通厅编译室"更名为"人民交通出版社民族文字编辑部"。

8月14日 印发《收书、退书管理办法》。

8月16日 印发《关于实施"重塑我社总体形象设计方案"和统一使用社口号及新的社标图案的通知》,旧社标从1996年9月1日停止使用。

8月21日 社长办公会确定9月为党纪、政纪、条规教育月。

8月23日 第五次管委会上李家本社长提出,下半年主要工作就是围绕"抓干部、促任务、树形象、建好家"12个字开展。

8月26日 登记参加中国教育学会基础教育图书研究会,成为团体会员。

8月30日 中国公路学会分配我社1名《中国公路学报》编委会委员名额。

9月3日 中国航海学会分配我社第四届理事1名(高镇都为三届理事)。

9月9日 推荐李家本社长为《中国公路学报》编委会委员。

9月15日 根据驻部审计局通知的精神,报宋晓丽入审计署编辑的《中国审计师名鉴》。

9月25日 根据中央宣传部、新闻出版署《关于做好"首届百佳出版工作者"评选工作的通知》,我社向部体法司报告推选李家本社长为候选人。

9月28日 印发《关于加强劳动纪律管理的规定》。

10月3日 报部体法司《出版工作报告》。

10月9日 部体法司将对我社出版工作进行审核的意见函告新闻出版署。我社被评为1995年度良好出版社。

10月14日 推荐黄大斌为中国航海学会第四届理事。

10 月 21 日 成立由黄大斌等 10 人组成的“1997 年社改革方案研究小组”。

10 月 25 日 中国版协老出版工作者委员会,调查高级专业老出版工作者(指离退休者)的现状。我社共报出 16 名:邬正明、魏启宇、金如霆、金振远、王应荣、卢其昌、石道全、陈良淦、阎育丹、王肃仪、孙起运、武崇理、陈民扬、黄橙、孙菊芬、梁毓英。

10 月 28 日 建社 45 周年庆祝活动筹备小组发《征集社荣誉室陈列品的通知》。

12 月 3 日 印发《社级会议管理办法》。

12 月 6 日 成立多种经营领导小组,组长郝爱国,组员张德明、卢绪妹、庚万山、宋晓丽、杨柏力(兼秘书)。

12 月 18 日 召开第三届职代会第二次会议。李家本社长做《深化改革,加速发展,建设整体工程》的工作报告。

12 月 23 日 经部外事司批准,我社李家本等 3 人前往香港执行签订合作出版图书合同的任务,共 5 天。

12 月 26 日 1995 ~ 1996 年度我社优秀图书评奖结果:《公路桥梁抗风设计指南》为一等奖;《运输供给与运输需求平衡论》、《新编汽车驾驶员读本》为二等奖;《汽车工程电子新技术》、《道路交通工程基础》、《最新中国分省交通图册》、《桥林漫话》为三等奖。

12 月 26 ~ 28 日 党政联席会议决定:

(1)成立大屯仓库管理区,其机构与交实公司为一个机构两块牌子。

(2)恢复老干部处,与人事处一个机构两块牌子。

(3)成立“社会福利基金管理小组(兼职)”,归口人事处。

(4)撤销“经营开发部”。

(5)成立“期刊筹备室”。“车城编辑部”、“顺通广告公司”合并到“期刊筹备室”。

(6)多种经营方针不变,依托图书出版工作,开展与图书出版有关的物资、设备、印刷、广告宣传、仓储运输等业务。成立多种经营领导小组,加强领导。

(7)加强印务工作,加强图书发行工作。

12 月　职工总数 185 人。

本年　《交通技工(汽车专业)声像教育系列片》获"首届全国优秀教育音像出版物"三等奖。

1997 年

1 月 1 日　印发《图书报废处理办法(试行)》。

1 月 2 日　第一次社务会议,李家本社长就 1997 年的工作提出五项要点、三个规定和五项保证措施,概括为"1535"工作,强调立足建设整体工程,提高整体实力。要求抓好开头、抓紧抓好、严格管理、抓计划、抓纪律、讲工作效率和工作质量。

1 月 3 日　由于交通专业地图出版业务需要单独列出,我社向部体法司及国家新闻出版署申请在出版范围中明确交通专业地图出版业务。

1 月 6 日　向部体法司呈报关于《中国各省(自治区、直辖市)交通成就与展望》大型画册系列丛书(共 30 卷)的调研报告。

1 月 10 日　部水运管理司《关于修订再版〈中国对外开放港口〉有关事项的通知》,确定编委会顾问为刘松金副部长,主任为胡汉湘(水运司司长),李家本社长为副主任之一。

1 月 13 日　多种经营领导小组第一次会议,制订了《多种经营管理小组工作条例》并确定各项目负责人。(现有交实公司、兴通交通书店、顺通广告公司、上海读者服务部、南方图书公司、通海化工制品厂、中南图书公司。)

1 月 17 日　社团委被部直属机关团委评为 1996 年度交通部直属机关先进团组织。

1 月 17 ~ 19 日　举办中层干部岗前培训班。

1 月 19 日　党委研究决定,重新聘任各部室领导干部。

1 月 20 日　新疆维吾尔自治区交通厅《关于编辑出版〈新疆交通——成就与展望〉大型画册的通知》中,确定李家本社长为编委会副主任委员。

2 月 1 日　印发第三届职代会第二次会议上李家本社长《深化改革,加速发展,建设整体工程》的报告。1997 年主要改革工作是:深化改革,加速发展,建设整体工程。主要工作目标：围绕实现两个根本性转变，在1996年“三二三”基础性工作协调发展的基础上，力求生产规模有一个大的迈进；改革重点落实在建设整体工程，增强整体实力上。工作要点：加速发展生产，建设整体工程；依靠科技进步，开拓出版业务；实施“三定”方案，鼓励人员流动；支持多种经营，加强管理；开展“三学一创”活动，加强精神文明建设。并提出干部要务实；加强条规教育，停止协作出版；建立谈话制度等三项规定和引入竞争机制；面向市场，研究市场；严格内部管理；提高人员素质；巩固创建“先进职工之家”成果等五项措施。

印发第三届职代会第二次会议审议通过的《1997年部门考核及奖惩规则》。

2月3日 印发社党委1996年主要工作回顾和1997年工作要点。抓好基本理论学习教育，加强干部职工思想政治教育；围绕全社工作大局，充分发挥党委政治核心作用和保证监督作用；抓教育管理，加强干部队伍建设；抓根本任务，努力提高职工队伍思想道德素质；开展“三学一创”活动，把精神文明建设提高到一个新水平；以增强基层组织活力为着力点，加强党的建设；抓好干部廉洁自律，加强党风廉政建设；抓好扶贫工作；加强对职代会和工会、共青团组织的领导，支持他们独立开展工作。

2月3日 印发《管理部门1997年度工作目标》。

2月17日 各部室聘任科、组长。

2月19日 印发《责任编辑制》、《责任校对制》、《责任印制制》（即“三责制”）。

2月21日 向交通部上报“模范带头人”李家本的事迹材料。

2月23日 同意中国航海学会将“中国航海学会航海史研究会”挂靠我社。

2月24日 新闻出版署通知我社列入“九五规划”的选题为：当代科技重要著作丛书·交通领域（10种），公路、水运交通科技丛书（23种）。

同日 向新闻出版署请示关于在机械部和交通部有关部门领导下，组织全行业的汽车专家学者编撰《中国汽车工程手册》（共5卷，约800万字）和《中国汽车工业史》（约60万字），申报将两书列为国家“九五”重点图书。

同日 部体改法规司《关于请协助人民交通出版社编辑出版交通成就与展望

画册(系列丛书)的通知》中指出,原我社征求各地有关部门意见,提出统一规划的建议,因各地出版的大多为非正式出版物,缺乏系统性、完整性、权威性及连续性,部同意我社将此类画册列为系列丛书统一出版。要求各地成立相应的编委会,与我社共同做好丛书出版组织工作,保证在1999年国庆节前全部出齐。并力争成为国际交流的精品图书。还决定我社社长为每卷编委会中的副主任。

2月27日 生产会上布置了建社45周年社庆论文集的征稿工作。

2月28日 填报加入中国老科学技术工作者协会团体会员登记表,同时报交通分会,我社拟组建下设的"交通科技出版行业二级分会",机构将于3月底组成,设董事长1人,副董事长1~3人,秘书1人,理事若干人。主要负责人李家本、魏启宇、高镇都、唐本立、刘晶秋。

2月 部体法司根据新闻出版署1997年出版社年检登记要求,推荐我社为良好出版社。

3月12日 向部教育司报告组织编写《英汉交通大词典》(暂名)的立项申请。计划由部教育司、我社会同中国公路杂志社及交通部、铁道部和民用航空局所属高等院校、科研单位及企业单位有关人员参加,并拟成立编委会,实行在编委会领导下主编负责制,于1997年6月召开成立大会,1999年10月完成编写任务,向21世纪献礼。

3月14日 印发《图书成品质量奖罚规定》,作为"三责制"的配套文件。

3月17日 印发《关于成立选题策划、改革研讨、宣传工作小组的通知》。选题策划小组组长李家本,组员8人;改革研讨小组组长黄大斌,组员11人;宣传工作领导小组组长张德明,副组长郝爱国、王建中(兼小组办公室主任),组员2人。

3月18日 印发《互联网使用管理办法》,并确定了社长及有关11个部室首批进入国家人事部所属世纪互联网,并确定了电子信箱(E-mail名)编码。

3月24~30日 在成都召开"社图书发行代理制工作会议",李家本社长带队,发行部有关人员及济南、杭州、郑州、南京、西安、广州、成都、黑龙江、新疆、合肥、昆明、湖南、湖北等13个发行网点经理参加。讨论通过《图书发行代理站管理办法》、《图书发行连锁店管理办法》、《交通版图书代理协议》等文件。

4 月 8 ~ 14 日 经部外事司批准,我社李家本社长等 2 人赴澳门执行“97 澳门中文图书音像展览”任务。

4 月 28 ~ 29 日 我社承办高等院校交通类专业教学指导委员会主任委员、秘书长工作会议。

4 月 我社被和平里街道办事处评为 1996 年度安排残疾人就业先进单位。

4 月 30 日 批复以下各单位,同意其成立我社图书发行代理站:(1)黑龙江交通专科学校交通书店成立“人民交通出版社黑龙江图书发行代理站”;(2)南京交通书店成立“人民交通出版社江苏图书发行总代理”;(3)广州交通书店成立“人民交通出版社广东图书发行代理站”;(4)长沙交通书店成立“人民交通出版社湖南图书发行代理站”;(5)杭州交通书店成立“人民交通出版社浙江图书发行代理站”;(6)济南交通高等专科学校青年书店成立“人民交通出版社山东图书发行代理站”;(7)安徽交通科技书店成立“人民交通出版社安徽图书发行代理站”;(8)成都车迷商行成立“人民交通出版社四川图书发行代理站”;(9)昆明交通书店成立“人民交通出版社云南图书发行代理站”;(10)西安公路交通大学书店成立“人民交通出版社陕西图书发行代理站”。

5 月 5 日 部直属机关团委《关于交通部直属机关第四届青年优秀科技论文评选结果的通知》,我社共送 7 篇论文参加交通部直属机关第四届青年优秀科技论文评选活动,王振军《科技图书编辑的素质及能力结构分析》获优秀奖。闫东坡、齐国强、杨真、张斌、韩敏、沈鸿雁等同志的文章获纪念奖。

5 月 19 日 成立《交通工程》编辑部,隶属期刊部。

5 月 20 日 部批准调整后的交通部新闻出版专业高级职务评审委员会。主任:李家本;副主任:陶淳(报社)、梁恩忠;委员 22 人(其中有报社等单位 15 人)。下设出版专业评审组(我社 5 人,社外 2 人)和新闻专业评查组(报社 2 人,其他 2 人)。

5 月 27 日 国务院港澳事务办公室、香港社会文化司发“荣誉证书”感谢我社全体职工为庆贺香港回归赠送特别行政区政府大型国画《香港回归繁荣图》(涂浩作)。

6月6日 申请加入中国公路学会计算机分科学会。

6月9日 新闻出版署批准我社增加交通地图出版范围。

同日 同意石家庄开发区交通书店成立“石家庄交通书店”，为我社发行网点。

同意贵州省交通科技信息站成立“贵州交通科技书店”。

6月10～14日 李家本社长随中国交通运输协会组团赴德国参加“慕尼黑运输与物流国际博览会”活动，并就中德文科技图书在双方出版事宜进行商谈。

6月12日 部外事司转新闻出版署关于赴菲律宾参加书展的批件，我社派1人参加。

6月16日 在部直属机关团委组织的创建“青年文明号”和“青年岗位能手”的活动中，我社公路图书部被命名为青年集体，1996年度部直属机关青年文明号；黄小牛和印务公司姜余良为青年岗位能手。

6月26日 同意广西公路宾馆交通书店成立“人民交通出版社广西图书发行代理站”。

6月 《运输系统规划与模型》获1995～1996年第八届国家优秀科技图书二等奖。

7月4日 涂浩代表我社全体职工向党的十五大赠送一幅国画《富贵花开(牡丹图)》。中央办公厅特别会计室收到后，向我社表示感谢。

7月7日 成立社劳动争议调解委员会。

7月16日 黄大斌书记在社务会上强调讲政治，讲学习，讲正气。为贯彻中央、国务院提出的发扬艰苦奋斗精神，制止奢侈浪费行为，本次社务会决定采取3项措施，即不再购部已批准购置的一台小汽车，建社45周年庆祝活动从简筹办和严格掌握业务费。

7月20日 李家本社长主持召开1998年编辑部发稿工作研讨会。

8月1日 同意河南省交通书店成立“人民交通出版社河南图书发行代理站”。

8月4日 第一届政工专业初级评委会届满，组成第二届评委会，主任黄大斌,副主任李家本、张德明,另有委员6人。

8月5日 部公管司应澳大利亚TNT公司之邀,组织道路货物运输考察团赴澳考察,批准我社黄天生以翻译身份随团出访。

8月12日 印发《咨询部组织领导与内部管理(试行)》,实行一个机构两块牌子形式,对外为社第五图书编辑室。

8月13日 张德明副书记主持召开宣传工作领导小组会议,确定下半年重点抓:“创建文明部室”活动;“讲学习、讲政治、讲正气”教育活动;迎接党的十五大召开,学习、宣传贯彻党的十五大精神;信息工作。

8月19日 部批准我社1人赴台湾地区执行“97祖国大陆图书展览”书展任务,16天。

8月25日 李家本社长主持召开“有关计算机类图书出版权引进问题研讨会”。

8月29日 聘任常行宪为社长助理,免去其社长办公室主任职务。

9月1日 因郑州发行站未履行协议,撤销其总代理资格,今后以人民交通出版社郑州发行站名称开展发行工作。

9月8日 印发《“金飞科普丛书”的营销办法》。

9月13~24日 部批准我社段伯潮赴菲律宾执行“第八届书展和丁丑年中国图书展销会”书展任务。

9月25日 决定成立汽车图书、资料、信息中心。

同日 应中国道路运输协会要求,我社推举李家本社长为第二届理事会理事候选人。

同日 同意山西省公路学会科技书店停业。

10月8日 决定成立综合计划室,主要负责组织制订年度经营计划;提出财务、劳资及出版计划的要求并审核;组织制订各部门经营指标、考核指标;统计及掌握计划执行情况;生产进度、成本及纸张管理;签批审核出版合同、印刷合同、发行合同等;签批发行委托单、印刷委托异地印制单等。

10月9日 决定聘任黄伟兼任综合计划室主任。

同日 决定成立市场开发部，亦称策划编辑部。

10月15日 公布机构调整：总编办和质检室合并，一个机构两块牌子；党办和人事处合并，一个机构两块牌子；第四编辑部与音像部合并为第四编辑部（声像部）；成立多种经营部。撤销多种经营小组和印数定价决策小组。

11月7～8日 教材领导小组在我社召开第二次工作会议，总结和布置教材出版工作及交通类专业学术专著出版有关事宜。

11月20日 同意厦门市楚天图书文化有限公司作为我社图书厦门经销店。

11月27～28日 召开第三届职代会第四次会议。主要议题：审议通过李家本社长所作的《坚定信心，苦练内功，增强市场竞争能力》的工作报告、《补充养老保险基金条例》、《1997年财务工作报告》、《1998年部门考核及奖惩规则》、《1997年业务费使用情况的报告》、《全员劳动合同制执行情况的报告》等。

11月 咨询部（第五图书编辑室）聘请程景琨、初吉东、刘书伦、闵朝斌、张亚明、先立志、何修美、刘以成、鲍钟岳9位同志为特约编审。

12月8日 社决定对交通统编教材组编写出版有贡献专家予以表彰和致谢。1987～1997年出版统编教材279种，其中不少获国家教委和交通部优秀教材奖，这同部属大、中专各专业教学指导委员会的专家们勤奋工作是分不开的。他们是：王秉刚、严家伋、陈荫三、郭晓汾、刘同安、杨兆升、洪承礼、吴宋仁、陶德馨、吴兆麟、梁志锐、柴金义、张美田、周本谦。

12月26日 委托武汉交通科技书店为我社特约经销店。

1998年

1月6日 印发《管理部门1998年度工作目标》。

1月23日 致函广东省新闻出版局委托广州交通书店为"人民交通出版社广东地区的图书发行代理站"。

2月2日 部批准我社黄伟、卢绪妹参加5～17日在马来西亚吉隆坡举办的"1998年第五届马来西亚华文书展"活动，另邀河南省交通学校交通书店派员同往。

2月10日 向各省（自治区、直辖市）交通厅（局）、公路局、运输局、高速公路公司、商管局发《关于人民交通出版社地图室为全国交通部门提供服务的函》。

2月12日 为加快《中国交通成就与展望画册系列丛书》的编写、出版进度，加强各省之间交流画册编写经验，向交通部请示，拟于3月份分别召开北方片和南方片编写会议。部批：3月3～6日在山东泰安召开北方片区会议；3月10～13日在江西南昌召开南方片区会议。两次会议后，于4月17日印发了会议纪要及编写提纲、注意事项、技术规格、编写与出版流程表等材料。还成立了出版协调小组，由部体法司、我社、北京市交通局及山东、江西、贵州、山西、吉林、广东等省交通厅各派1人组成。并定于1999年9月在北京人民大会堂召开画册首发式。

2月20日 印发《人民交通出版社党委1997年主要工作回顾和1998年工作要点》。

2月21日 由于地图生产的特殊性，特制订印发了《人民交通出版社地图室生产管理办法（试行）》。

3月2日 交通部批准我社联建职工宿舍，面积1000平方米，总投资450万元；印务公司购置船票印刷机，总投资450万元。

同日 向新闻出版署、国家教委申报，自荐《公路建筑材料试验》（录像带，420分钟）参加“第二届全国优秀教育音像制品奖”评选。

3月5日 《中国交通营运里程图（新编版）》，经过三年的努力，正式出版发行。为了总结经验，更好地完成后续工作，向交通部呈报《关于召开〈中国交通营运里程图（新编版）〉总结会的报告》，拟定于3月26～27日在北京召开总结会。

3月9日 致函新疆维吾尔自治区交通厅，拟于自治区设立“交通部颁行业标准发行代理站”，委托自治区交通厅编译部代理执行。

3月20日 为探索图书发行改革新路子，向北京市新闻出版局申请，决定成立“金飞图书发行中心”，具有独立法人资格，主要是发行我社购买版权的图书和库存图书。

3月24日 函告北京市政府外办，我社决定派李家本等人随北京市新闻出版局（版权局）组团赴德国参加法兰克福第50届图书博览会。

同日 印发《关于材料采购及材料管理规定》。

3 月 30 日　同意宁夏交通科学研究所成立我社发行网点:“宁夏交通书店”。

3 月 31 日　国家新闻出版署公布《关于表彰中国大百科全书等 150 家良好出版社的决定》,我社被评为 1995 ~ 1996 年度良好出版社(未设优秀档次)。

同日　根据中国图书奖评委会《关于评选第十一届中国图书奖的通知》要求,向交通部报送《中国图书奖参选图书的报告》,自荐参选的图书有《交通对联选粹》、《汽车驾驶员培训教材》、《国际投资经济理论与实践》、《交通行政执法岗位规范》。

4 月 6 日　社办主办的《人民交通出版社交通政务信息》创刊。

4 月 8 日　印发《人民交通出版社发行网点图书批发折扣管理规定》和《人民交通出版社退书管理办法》。

4 月 9 ~ 10 日　经交通部批准,在北京召开《中国交通营运里程图(新编版)》总结会。会议由黄大斌书记主持,汽车图书部承办。参加会议的有本书编委会主任郭生海(部机关服务局局长)、徐亚华(部公路司综合处处长)、谢景星(货运处处长)、李家本(社长)、高镇都(原社长)及各省交通厅运管局的领导及代表。

主要是总结该书的出版工作,对下一步修订计划进行了布置,同时探讨了如何搞好该书的发行工作。

4 月 10 日　根据社党委 1998 年工作要点“加强精神文明建设,努力提高职工队伍的素质,开展岗位练兵、劳动技能竞赛”的精神,决定在 5 月份开展“劳动技能竞赛活动”。

4 月 20 日　印发《关于编辑业余加工管理规定》。

同日　向部报告,我社同意派闫东坡参加教育司组织的部分汽车技工学校领导及编辑人员赴美国、加拿大考察学习团(6 月 15 ~ 29 日)。

4 月 24 日　经国家新闻出版署审核,准予我社作为音像出版单位登记。

5 月 13 日　根据北京市新闻出版局 4 月 29 日发《关于换发书刊经营许可证的通知》,我社向部呈送登记报告,部于 5 月 19 日批准。此次登记在经营范围中增加了本版地图。

5 月 13 ~ 16 日　在深圳召开《中国交通成就与展望大型画册》系列丛书出版

协调领导小组第一次会议。主要议程是考察深圳印刷厂，讨论工作流程、提纲、技术规格、出版经费使用原则等问题。

5月15日 交通部免去米增福巡视员职务。

5月20～23日 受部教育司委托，由交通部教材领导小组主持的国家级重点教材《汽车维修工程》、《汽车运用工程》审稿会在吉林工业大学召开。交通部教材领导小组副组长李家本传达了国家教委关于《“九五”重点教材审稿会办法》、《普通高等教育“九五”国家级重点教材立项、管理办法》；两位教材主编介绍编写依据、要求及过程；专家组对两书稿进行了评审，修改定稿后，于7月中旬交我社出版。

5月21日 向部教育司报杜颖为“交通教育教材出版与管理领导小组”成员。

5月25日 根据交通部《关于继续做好〈中国交通成就与展望大型画册〉系列丛书编辑出版工作的通知》精神，及社《关于印发〈中国交通成就与展望大型画册〉系列丛书会议纪要和有关材料的通知》的要求，为了下一步工作顺利进行，成立了《中国交通成就与展望大型画册》系列丛书出版领导小组，组长为李家本，成员有黄大斌等人，下设编辑组（10人）、版面设计组（3人），并在当日召开了第一次会议。

6月1日 印发《关于1996～1997年度优秀图书评选情况的通报》。我社于3月25日～5月28日进行了优秀图书评选活动，评为二等奖图书有：《汽车运输企业市场营销学》、《汽车驾驶员培训教材》；评为三等奖图书有：《道路施工工程师手册》、《汽车与工程机械用油常识》。另给予荣誉奖的有：《运输系统规划与模型》（此书已获全国优秀科技图书二等奖）；给予鼓励奖的有：《中小学安全须知》、《机动车驾驶证考领指南》（此2种书发行量大，有较好的双效益，社已给予效益奖）。

6月3日 交通部批准我社《章程》（共六章二十五条）后，按国家工商行政管理局的要求，办理了注册登记手续。

同日 印发《图书发稿流程》。

6月10～13日 在北京召开《中国交通成就与展望大型画册》系列丛书出版协调领导小组第二次会议。讨论并确定评标办法；审定投标单位文件；按程序选标;讨论并决定印装公司;讨论并决定出版经费使用计划等。

6月18日 部体法司与我社联合致函“深圳雅昌彩色印刷有限公司”和“深圳当纳利旭日印刷有限公司”,告经《中国交通成就与展望大型画册》系列丛书出版协调领导小组第二次会议研究决定,选中该两厂共同承担画册印装任务。6月26日两家公司在社签订了意向书,待以后签正式合同。

6月22日 向部报告,根据新闻出版署的通知,我社拟派袁素桢参加第九届香港书展(7月22~27日)。

7月21~24日 在新疆乌鲁木齐召开《中国交通成就与展望大型画册》系列丛书新疆卷示范审稿会,参加会议的有关人员45名。会上传达了交通部有关画册的指示。黄部长指示:“这件事要集中,不要重复,不要浪费,不要滥。”

7月24日 交通部及部党组决定:张忠晔任社长、社党委委员;免去李家本社长职务。

9月8日 向部请示,为确保《中国交通成就与展望大型画册》系列丛书,能在建国50周年前高质量完成出版任务,根据部指示精神和实际工作情况,以及大多数省厅意见,我社对今后工作安排提出如下建议:设置编委会,请黄部长任主任;李居昌、洪善祥、胡希捷、张春贤副部长任副主任。主编:朱永光;副主编:薛庆祥、张忠晔。委员:部有关司局长、各省厅(局)长及李家本。

9月17日 为加大我社图书销售力度,决定于1998年9月21日~1999年1月20日开展全社促销活动,印发了《关于对特定图书促销的决定(试行)》。

9月25日 交通部发文《关于进一步规范交通系统出版行为的通知》:根据中央加强出版印刷市场管理的要求,为进一步规范交通系统的出版行为,要求:一、作为部属唯一的国家级出版社,人民交通出版社要严格按照国家对出版行业和出版社的要求,认真执行各项规定,以最好的服务质量和产品质量为交通发展服务。二、(略)。三、部内各司局及直属单位主持制定或编写的政策文献、规章制度、各类技术标准、规范和定额及其编制办法,规则、国际公约、文件资料汇编,各类交通地图,各类技术及思想政治方面的培训教材、书籍,及其他交通行业用书的时候,在同等条件下,要优先考虑由人民交通出版社出版发行。

9月25日~10月10日　经交通部批准,李家本等2人参加荷兰98秋季中国出版物和第五十届法兰克福国际图书博览会。

9月26日　经部批准,印务公司李冰天总经理随北京地区印刷协会组团参加第五十届法兰克福国际图书博览会。

9月30日　同意太原华拓文化发展有限公司与我社发行部合作经营,成立"人民交通出版社山西省发行站"。

同日　向部呈报《关于创办〈中国交通〉杂志的请示》(双月刊,彩色大16开,第二年改为月刊),并附《创办〈中国交通〉杂志初步方案》。

同日　同意河北新洲公路交通技术开发有限公司成立"河北新洲公路交通技术开发有限公司交通书店",与我社合作经营。

同日　为扩大我社图书发行量,向北京市新闻出版局申请,在甜水园图书批发市场租一摊位,设立"交通图书经营部"。

10月6日　交通部决定:张忠晔任总编辑;免去李家本总编辑职务,同时部党组免去其党委委员职务。

10月8日　为进一步解放思想,转变观念,发动群众积极为出版社深化改革出谋划策,印发了《关于开展"为出版社的改革发展献计献策撰写论文"活动的通知》。

11月13日　交通部下文《关于印发〈中国交通成就与展望大型画册综合卷编辑出版方案〉的通知》:经部务会研究决定出版综合卷,其包括公路、水运、支持保障系统三个方面内容,重点以图片形式反映半个世纪中国交通建设成就,作为对外宣传资料和史料。并决定了综合卷编委会,主任:黄镇东;副主任:李居昌、洪善祥、胡希捷、张春贤;顾问:王展意;委员由部办公厅、体法司、综合规划司、财务司、人劳司、公路司、水运司、科教司、国际合作司、公安局、直属机关党委、海事局、救捞局、交通通信中心、交通出版社、交通报社、水运报社等部门和单位的领导或专家组成。下设工作办公室,编辑部设在部体法司。

同日　在重庆召开《中国交通成就与展望大型画册》系列丛书部分地方卷审稿会,张忠晔社长参加会议。会议主要是对书稿和图片内容的审稿;我社与交稿的省厅签订出版合同。

11月19日 根据新闻出版署《关于检查"九五"国家重点出版规划情况的通知》的要求,向新闻出版署呈报《关于"九五"重点图书出版情况报告》:一、《交通科技丛书》(共12本);二、《当代科技重要著作·交通领域》(共10本)。均分别于1997~1999年间出版,尚有5种书名未定,正在组织编写中。

11月20日 部体法司向张春贤副部长呈《关于召开〈中国交通成就与展望大型画册〉综合卷第一次编委会议的请示》:根据部第10次办公会要求,体法司对《中国交通成就与展望大型画册》综合卷的编辑出版进行了研究,并印发了出版方案,建议:由各司局和涉及的单位确定编委会委员;邀请王展意顾问参加综合卷的编辑出版工作;由您(张副部长)主持,尽快召开编委会第一次会议,商定画册综合卷的编辑出版细则。张忠晔(社长)参加。

11月25日 印发《〈中国交通成就与展望大型画册〉系列丛书部分地方卷审稿会议纪要》,另附:新闻出版署《关于做好庆祝新中国成立50周年图书出版工作的通知》、出版社《图书出版合同》、《〈中国交通成就与展望大型画册〉系列丛书重庆卷编辑基本情况》。

本年 我社出版重点图书13种:《汽车运用工程》、《汽车维修工程》、《高等级公路施工》、《公路施工手册——桥涵》(上、下册)、《路基设计施工高速公路丛书》、《碾压混凝土路面施工技术》、《公路路面管理系统》、《路面分析与设计》、《汽车英汉技术词典》、《港口起重运输机械设计手册》、《交通法规汇编》、《中华人民共和国交通图》、《锦绣中华交通旅游图册》(前2种为国家重点教材)。

1999年

1月4日 宣布《关于干部任免的决定》,聘任常行宪为社长助理,以及各部门各单位负责人共40名。

1月5日 印发《关于加强劳动纪律管理的通知》(共7条)。

1月6日 印发《图书发稿流程》,1998年6月3日文作废。

1月10日 印发《关于实行〈图书选题组稿论证审批表〉的通知》。

1月13日 印发《关于新书书稿发稿文件有关问题的通知》。

1月15日 印发《图书出版合同管理办法》。

1月18日 部体法司就《中国交通成就与展望》画册综合卷征集稿件发通知：根据综合卷编委会领导的要求，采纳了主管业务司局的意见，对该卷原方案进行了修改、补充、细化。提出了装帧设计及编辑构想方案，并对进度情况进行通报：经部领导同意，编委会委员人选已确定：主任黄镇东；副主任李居昌、洪善祥、胡希捷、张春贤；委员姚明德（办公厅）、朱永光、薛庆祥（体法司）、刘鹏（综合规划司）、樊启华（人劳司）、程英华（公路司）、胡汉湘、李悟洲（水运司）、胡景禄（国际合作司）、李良君（公安局）、周世旺（直属机关党委）、刘功臣（海事局）、林玉乃（救捞局）、陈建成（交通通信中心）、张忠晔（人民交通出版社）、陶淳（中国交通报社）、卢志杰（中国水运报社）。另设王展意为顾问；主编姚明德；副主编薛庆祥。在1998年12月28日召开的第一次编委会议上，张春贤副部长、王展意顾问和各位编委对该卷出版方案进行了审议，并提出修改原则及组织工作的具体要求。成立了综合卷工作办公室，主任薛庆祥（体法司副司长）；副主任赵金霞、高强华、杨秉政，交通出版社、中国交通报社及中国水运报社派员共同组成。办公室（临时机构）设在体法司。

1月19日 印发《关于重申文档室工作程序的通知》。

1月20日 印发《样书发放范围及管理办法（修订）》。

1月26日 印发《人民交通出版社图书批发折扣标准（1999年度）》。

2月3日 印发《关于开展以"讲学习、讲政治、讲正气"为主要内容的党性党风教育活动的通知》，决定2～3月份为学习阶段。

2月10日 第四届职工代表大会第一次会议上，审议通过了张忠晔社长以《创效益，树新风，团结一致为出版社的发展与繁荣而努力奋斗》为题的工作报告。

2月12日 印发《1999年各项财务计划》。

2月23日 向部请示，根据新闻出版署批准、中国图书进出口总公司统一组团，于4月28日～5月12日赴美国洛杉矶参加99美国BEA国际书展，我社拟派黄大斌、蒋明耀参加，另建议体法司去1人。

3月1日 印发《图书定价标准》、《印制工价标准》，原订标准同时作废。

同日 由于机构、人员变动，印发了《关于调整各专门委员会、专业小组成员的通知》。第四届管委会主任张忠晔，委员黄大斌、张德明、黄伟、郝爱国、郭荣及6名职工代表。另外确定了交通安全委员会、计划生育委员会、劳动争议调解委员会、治安综合治理领导小组、保密领导小组、选题策划小组、职称改革领导小组等的组成。

3月10日 同意（陕西）咸阳市文化局成立“咸阳金飞交通书店”。

3月18日 印发《人民交通出版社1999年部门考核及奖惩原则》。

同日 向部公路司请示：1998年8月将在加拿大渥太华举办国际图册展览，我社拟将《中国交通营运里程图》编委会编绘的《中国交通营运里程图（新编版）》送参展，需进行保密审查。

3月25日 向部体法司呈送《关于同意设立民族编译室的请示》：根据新疆交通厅1998年12月28日《关于解决维、哈文交通科技图书出版有关问题的请示》，经我社研究，拟以作为我社派驻新疆的编辑机构的形式设立。

3月29日 同意（上海）交通技工学校汽车专业教材编审委员会成立“上海交通书店”。

同日 同意宁波交通技工学校成立“宁波交通书店”。

4月6日 为确保全社图书发行工作积极有序地进行，印发了《关于发行工作的几项暂行规定》。

4月8日 同意温州市公路管理处中心试验室成立“温州交通书店”，作为我社发行网点。

4月12日 部体法司下文《关于对你社成立民族编译室的批复》：根据国家《关于不得擅自建立分社和变相机构的通知》“中央和地方出版社一律停止在外地建立分社或图书编辑部等变相分社机构……如有必要在外地组稿或编辑加工稿件，可以作为正常的编辑业务，派人到外地进行或在外地临时请业余编辑协助工作，但不得把出书权下放给外地的任何部门或委托地方各部门组成编辑部”的规定，你社应遵照这一规定，与新疆交通厅进一步协商，做好维、哈文交通科技图书的出版。

同日 同意四川省公路学会道路专业委员会成立“成都金飞交通书店”。

4月13日 社领导及有关同志到新闻出版署图书司汇报工作时，吴尚之副司长就关于争创优秀出版社问题提出7条参考意见。最后总结说：争创优秀出版社实际上是使出版社各方面上一个新台阶的系统工程，这个想法很好，我支持你们。重要的是真抓实干，重要的是改变观念，重要的是使用一大批人才。希望很快在任何地方、任何时候都能听到或看到有关交通出版社的情况。

4月14日 印发《地图、音像、光盘样本发放范围及管理办法》，4月15日起执行。

4月20日 新闻出版署告知交通部，经审核我社符合1999年出版社年检登记基本条件，准予年检登记换证，到北京市新闻出版局办理。

同日 印发修订的《人民交通出版社职工外出学习、进修、培训的管理办法》，1997年制订的办法同时作废。

4月30日 交通部直属机关团委《关于表彰部直属机关“青年文明号”和“青年岗位能手”的决定》：我社汽车编辑部、印务公司青年突击队被评为1998年度“青年文明号”；公路编辑部经复审仍为合格。“青年岗位能手”有闫东坡、王振军。

5月4日 同意吉林建筑工程学院产业办公室成立“长春市土木工程科技书店”。原网点“吉林交通书店”予以撤销。

5月7日 部直属机关团委《关于交通部直属机关第五届青年优秀科技论文评选结果的通知》：我社张斌撰写的《浅谈编辑、印制与发行的定位》获三等奖，另获纪念奖者有：李知安、张淼、沈鸿雁、杨杰、戴慧莉。

5月9日 我社向各省（市）交通厅（局）分发《关于〈腾飞的中国公路〉的认刊说明》：为充分展示建国50年来，特别是改革开放以来，我国公路建设所取得的辉煌成就，增强社会各界对我国公路的了解，经部公路司（于4月26日已正式发文至各省、市交通厅、局）同意，我社决定编撰《腾飞的中国公路》。为紧密配合该项工作，还决定与北京历来文化发展中心共同成立编撰办公室，具体负责该书各企事业单位宣传部分的编制。7月1日截稿，9月1日隆重推出。

5月18日 同意重庆市江北区家佳书店更名为“重庆金飞交通书店”。

5 月 25 日 向部公路司并黄部长，李、张副部长呈报《关于〈腾飞的中国公路〉一书有关情况的报告》。主要提到因北京历来文化发展中心之故，我社立即采取措施，此书一切编撰征集工作均由我社组织进行，确保国庆节前出书。并立即终止“历来中心”参与，将广告业务全部接收过来。

5 月 27 日 印发《关于业余加工费管理问题的决定》。

同日 印发《关于清理图书账款的规定》。

5 月 29 日～6 月 6 日 经交通部批准，黄伟副社长与韩敏带我社出版的英文图书、字(词)典等，参加由中国出版对外贸易总公司统一组团的“99 新加坡世界书展”。

6 月 11 日 社党委决定，任命王建中为交通印务实业公司党委书记兼纪委书记，另聘任其为公司副总经理，聘期三年；聘任席宇鹏为交通印务实业公司总经理，聘期三年，免去其公司党委书记兼纪委书记职务；免去李冰天公司党委副书记、党委委员职务，回社工作。

6 月 28 日 拟定 7～11 月开展《“三讲”教育工作方案》。

同日 同意上海交通联合发展有限公司成立“上海交通科技书店”，作为我社网点。

同日 向交通部呈报《关于〈中国交通成就与展望〉系列画册有关情况的汇报》：根据新闻出版署 1999 年 6 月 7 日发《关于检查庆祝新中国成立 50 周年国家重点图书出版进展情况的通知》的要求，我社成立了以社长为组长，书记和主管副社长为副组长的出版领导小组；还成立了以副总编、总编室主任、对外合作部主任为首的，以资深编辑为主组成的编辑队伍；确定了加工、复审、终审和专家核稿具体人员及加工质量和时间的要求。

6 月 29 日 印发《交通出版社公文写作格式及送审程序的规定》。

7 月 1 日 推荐黄大斌为“中国书刊发行业协会”第三届理事候选人。

7 月 5 日 根据新闻出版署 1998 年 11 月 25 日发文《关于 1999 年出版社检查登记的通知》的精神，我社于 6 月 25 日将自检情况报部审批，北京市新闻出版局核发了“出版登记证”，登记证号为“京 99 第 019 号”。

7 月 14 日 张忠晔社长主持召开社长办公会议，专门就抓住全国公路建设大发展的机遇，加快公路专业图书的组稿、编辑、出版等有关问题作出决定：公路编辑部可以策划一本或一套书作为一个项目，试行项目负责人制，并尽快组织成立公路专门委员会等。

7 月 15 日 向张副部长并李副部长呈《关于部颁标准、规范应统一出版、发行的请示》，此意已向部总工、公路司、科技司、体法司作了汇报，他们均表示支持我社意见。

7 月 30 日 根据国家版权局 1999 年 4 月 5 日公布的《出版文字作品报酬规定》的精神，经研究制订印发《人民交通出版社出版物报酬实施细则》。

同日 印发《图书出版合同标准格式》、《人民交通出版社资源保护办法》。

8 月 2 日 印发《关于更改我社社名的通知》：按交通部 7 月 20 日文《关于交通部人民交通出版社等 10 个单位更名的通知》的规定，我社自 1999 年 7 月 20 日起不再称“交通部人民交通出版社”，正式更名为“人民交通出版社”。

8 月 5 日 印发《工作人员差旅费开支的规定》。

8 月 10 日 我社与上海市航海协会达成“人民交通出版社上海读者服务部”联营终止协议，将原投资的 1.5 万元归还我社。

8 月 12 日 同意哈尔滨地图出版社哈尔滨发行站成立“人民交通出版社金飞图书发行中心哈尔滨经销部”，以扩大我社地图类图书发行渠道。

同日 同意西藏公路管理局公路养护物资供应站成立“西藏交通书店”。

8 月 20 日 交通部办公厅致函北京市公安局，我社更名后需刻制“人民交通出版社”印章一枚。

8 月 25 日 社长办公会议，就落实国管局和北京市的部署，干干净净迎国庆的工作做了研究，按北京市“三净”、“四洁”、“五规范”的要求，特决定：改造 10 号院大门，作为出版社的正门；对东楼整修门、窗、厕所；西楼整修内外墙面、门脸、换木窗等。

8 月 30 日 根据中国出版工作者协会《关于举办第三届出版科研优秀论文奖评奖活动的通知》精神，推荐我社《做好编辑室选题与组稿工作的思考》、《改革劳动管理,提高校对质量》二文参加评选。

9 月 14 日 根据中国公路学会 8 月 23 日发《关于请推荐第五届理事候选人的通知》,我社推荐韩敏作为候选人。

同日 印发《关于执行社发文件标准格式的通知》。

9 月 28 日 向部呈报关于《中国交通成就 50 年》(第一批共 20 卷)首发式计划方案的请示。此书已被国家新闻出版署列为庆祝中华人民共和国成立五十周年大型图书之一。我社建议,为做好宣传工作,拟于 10 月 15 日,由我社具体承办,在国门路大饭店举办首发式。邀请张春贤副部长,办公厅、体法司、规划司、财务司、人劳司、公路司、水运司、科教司、海事局等领导及已出版的地方卷交通厅的代表 1 ~2 名参加。请新华社、人民日报社、光明日报社、中央电视台、新闻出版报社、中国交通报社、中国公路杂志社的记者到会报道。请体法司司长主持。

10 月 18 日 印发《关于学习贯彻党的十五届四中全会精神的通知》。

10 月 20 日 根据部体法司 10 月 10 日《关于 <中国交通成就 50 年>(第一批)首发式的批复》精神,我社决定于 1999 年 10 月下旬在京召开新书发布会。《中国交通成就 50 年》经验交流会暨评奖会待系列画册出齐,并征得部同意后另行安排。部批示:规模不宜太大,可邀请有关领导、新闻出版署主管部门的领导和新华社、人民日报、光明日报、中央人民广播电台、中央电视台,及中国交通报、水运报等新闻单位记者参加,已出地方卷的省厅,可自愿参加。

10 月 26 日 国家保密局发文《关于重新审批、确定国家秘密载体定点复制单位的通知》,决定由印务公司办理。

10 月 30 日 根据中国公路学会桥梁和结构工程学会 10 月 11 日文《关于请推荐第五届理事候选人的通知》,我社推荐张征宇为候选人。

10 月 我社向社会隆重推出学习贯彻《中共中央关于国有企业改革和发展若干重大问题的决定》辅导读物,书名为《推进国有企业改革和发展的行动纲领——学习中共中央十五届四中全会〈决定〉100 题》。这是我社首次出版面向社会各行各业的政治类辅导读物。出版此书是我社响应部党组的号召,为深入学习、认真贯彻中央《决定》所做的一件实事。目的是利用我社的作者关系及时组织社会热点图书；以此书为先声，出版交通行业以外的综合性图书，拓展新的选题领域，扩大社会影响。

同月 由部体法司组织，我社具体承办的国庆50周年献礼系列画册《中国交通成就50年》（原名《中国交通成就与展望》）第一批16卷（综合卷、青海、吉林、山东、湖北、贵州、四川、上海、重庆、黑龙江、江西、安徽、天津、海南、山西、甘肃），于国庆节前向社会隆重推出，并举行首发式。该套丛书共32卷，尚有江苏、西藏、新疆、广东、广西、湖南、河南、陕西、辽宁、宁夏、河北等卷，将于11月中旬陆续出版。

11月3日 社《政务信息》（第五期）就今年以来，根据国家新闻出版署优化选题，向质量、效益转化的要求，通报了我社着力在优化选题，调整选题结构上下功夫，所出版的图书得到交通领域广大读者的欢迎的情况。随着国家前所未有地加大对公路建设投入力度，市场对公路专业图书的需求急剧上升。据此，及时调整战略，在人力、物力和资金上向公路编辑部倾斜，并提供必要的保障。同时，根据我国家用汽车的逐渐兴起和公路建设的不断开展，未来市场对汽车使用、维修和保养方面图书的需求将增大的形势，我社组织有关力量，在广泛调研的基础上，重新调整选题规划，制订了汽车图书17大系列的选题构想，准备在近几年内陆续推出。

11月15日～12月15日 决定开展党风廉政建设党员学习教育月活动。

11月24日 印发《人民交通出版社“三讲”教育整改工作方案》。

11月25日 为进一步搞好我社选题的优化和结构调整，图书印数和定价的合理确定，做到选题、印数、定价的科学决策，印发了《关于成立选题、印数、定价审核小组的通知》。选题审核小组机构设在总编办，组长张忠晔，副组长黄大斌、黄伟，组员9人；印数审核小组机构设在发行部，组长黄大斌，副组长黄伟，组员6人；定价审核小组机构在印务部，组长黄伟，组员6人。

12月15日 印发《图书定价审核小组工作规程》（共8条）。

同日 劳动和社会保障部《关于公布首批用户评估和专家评审职业培训合格教材的通知》中要求按有关标准和工作程序，对1993年后出版发行的职业培训教材，进行质量评估和评价。我社出版发行的用户评估职业培训合格教材有，技工学校教材：《汽车拆装实习》、《汽车修理工艺》、《汽车驾驶理论》、《汽车驾驶教学实习》、《汽车运输管理知识》、《汽车交通安全》、《汽车材料及金属加工》(以上均为1995年7月出版);职业技能培训教材:《汽车驾驶培训》(1997年1月出版)、《汽车驾驶教员培训》(1997年2月出版)。专家评审职业培训合格教材有,技工学校教材:《汽车运输职业道德》、《计算机应用基础》、《汽车材料》、《汽车构造》、《汽车电气设备》、《汽车故障诊断与检测技术》、《现代汽车技术》、《汽车交通安全与营运知识》、《汽车驾驶》、《汽车维修》(以上均为1999年10月出版);职业技能培训教材:《汽车配件销售员培训教程》(2001年1月出版)、《旧机动车鉴定估价》(2000年3月出版)。同时决定,经评审认定合格的新编和重新修订的教材,其封面左上角可印上培训就业司设计的合格教材标识。

12月24日 张忠晔社长在第四届职工代表大会第二次会议上以《抓改革,促发展,推动我社从整体上大步前进》为题做了工作报告。还听取了1999年度财务工作报告、1999年职工住房分配办法(讨论稿)、1999年工会工作总结。

本年 《高等级公路半刚性基层沥青路面》(孙玺)获1998年度"全国优秀科技图书奖"暨"科技进步奖"三等奖;《机械制图》(杨捷、蒋明耀)软件作品获得99'CIETE全国多媒体教育软件大奖赛一等奖(非基础教育组)。

2000年

1月3日 印发《关于部分中层干部任免的决定》:聘任常行宪社长助理及马小奇等部门正职负责人23名。

1月7日 社第四届管委会第二次会议讨论通过业经四届二次职代会审议通过的《人民交通出版社1999年职工住房分配办法》,并通过了分房小组人员名单。

1月10日 印发《关于公布职工住房分配有关事项的通知》,附《1999年职工住房分配办法》及分房小组成员名单。

1月11日 任命郑建、阎振华、余成建为印务公司副总经理;杨景亮为总工程师;免去田莲华副总经理职务。

同日 聘任张斌等9人为各部门副职;2人为调研员。

1月12日 印发《关于实行竞争上岗、双向选择的通知》。根据职代会讨论通过的改革方案,将《我社2000年竞争上岗、双向选择的实施方案》和《人民交通出版社定岗、定编方案及岗位系数》发至全体职工，并要求填写《工作岗位自荐表》。

1月14日 印发《人民交通出版社职工内部退休(试行)办法》(此后经3月28日党政联席会议讨论修订又重新公布为《人民交通出版社关于待岗下岗人员管理的规定》)。

1月28日 印发《关于恢复〈社讯〉出版和征集稿件的通知》:《社讯》于1990年1月13日创刊，连续出版了27期，曾对全面推进出版社工作发挥了重要作用。随着社会主义市场经济不断发展，科学技术不断进步，文化生活内容逐步丰富多彩，为更好地发挥交通科技图书在发展交通事业中的作用，全面贯彻落实党对出版工作的方针、政策和出版社提出的"创效益、树新风"的总体要求，全面推进出版社各项工作，社党委决定恢复《社讯》的出版。

1月31日 印发《人民交通出版社图书批发折扣标准(2000年)》。

2月16日 向北京市广播电视局送《关于请批准我社成立"飞达通源音像中心"的报告》:为探索交通音像出版发行工作的新路子，并为转岗分流职工创造再就业机会，决定成立具有独立法人资格的"飞达通源音像中心"，主要业务是音像制品批发销售，为我社主管。

2月21~25日 在海口召开"人民交通出版社第十一届发行工作会议"，张忠晔社长、黄伟副社长及发行部、总编室、财务、结算中心、地图室、计算机室派员及28个网点代表参加。本次会议本着"协调、规范、竞争"的指导思想进行总结。张忠晔社长在会上讲了话，有关人员做了关于销售战略报告、产品战略报告，进行网点经验交流，提出改进发行工作意见，表彰了先进，作出关于销售管理规定，黄伟副社长做了会议总结讲话。

2月22日 部直属机关团委《关于表彰1999年度先进团组织的决定》，我社团委受到表彰。

2月28日 印发《样书发放范围及管理办法》。

3月2日 黄镇东部长为我社编辑出版的《中国交通营运里程图集》作序。

3月3日 印发《地图、音像、光盘样本发放范围及管理办法》。

同日 印发第四届职代会第二次会议审议通过的《人民交通出版社2000年改

革方案》。根据十五大关于新闻出版业“优化结构、提高质量、加强管理”和党的十五届四中全会“大力促进国有企业体制改革、机制转换、结构调整、技术进步”的方针，结合我社实际情况和本着“解放思想、实事求是”、“加强管理、放开搞活”、“抓大放小”的指导原则，对我社现有体制、机制、结构和分配进行必要的改革和调整。

一、改革的指导思想和原则

(1)在1998年基础上加大改革力度；

(2)及时调整不适应出版市场发展与变化的经济关系；

(3)重点解决出版码洋长期徘徊在8000万元和回款实洋长期不能突破5000万元的现状，力争分别达到上亿元和6000万元的目标；

(4)划小核算单位，加强核算管理，实行全社经营宏观调控与部门责任制相结合，初步建立以单书核算与单人核算为基础的多种经济成分和多种管理模式的经济体制和管理体系。在图书资源上体现“稳定一块、发展一块、开拓一块”的经济结构；

(5)坚持下岗分流，减员增效和建立再就业机制的人事用工制度改革与坚持按劳分配、效益优先和兼顾公平的分配制度改革。

二、部门机构设置方案

(1)管理部门：①社长办公室(包括合并的政策研究室、老干部处)；②党委办公室(以上两室原为一室，现分设)；③总编办公室；④人事处；⑤计划财务处。

(2)经营与业务部门：①图书结算中心(新设)；②汽车图书编辑部；③公路图书编辑部；④教材标准编辑部；⑤水运图书编辑部；⑥综合图书编辑部；⑦金飞计算机图书中心(计算机图书编辑部与金飞批销中心合并)；⑧地图编辑部；⑨电子音像部；⑩对外合作部；⑪印务部；⑫发行部；⑬交实贸易公司；⑭兴通书店；⑮顺通广告公司。

三、各部门经营机制转换方案

四、管理机制转换方案

五、人事与分配机制转换方案

此方案根据职工的补充，又进行修改补充，进一步重申做为《1999年工作总结和2000年工作部署》于3月19日印发，要求全社认真贯彻执行。

3月13日 印发《人民交通出版社发书管理办法》、《人民交通出版社回款管理办法》、《人民交通出版社退书管理办法》(均于1月1日起实行)。

3月14日 同意福建省高速公路经营开发有限公司成立“福建交通书店”。

3月16日 社党委批复印务公司党委、纪委换届选举结果。同意王建中、席宇鹏、郑建、阎振华、余成建、田波、卢永夺7人为公司党委新一届委员，王建中任书记；同意王建中、樊保乡、郝少青为公司纪委委员，王建中任书记。

3月18日 李居昌副部长为我社出版的《中国交通营运里程图集》题辞“加快公路建设，繁荣运输市场”。

3月20日 同意上海海交科贸公司成立“上海浦东交通书店”。

3月22日 印发《人民交通出版社党委1999年工作总结和2000年工作要点》。

3月23日 印发《人民交通出版社党风廉政建设责任制实施办法》、《人民交通出版社廉政谈话提醒制度》。

3月24日 印发《在图书销售工作中实行供销合同》。

3月31日 印发《关于调整照排工价的通知》(4月1日起执行)。

4月4日 印发《开展“三讲”教育“回头看”活动方案》。4月7~14日为学习阶段；至25日为自看自查阶段；至28日为通报整改情况阶段。

4月18日 同意甘肃省交通规划勘察设计院成立“甘肃交通书店”。

4月27日 印发《在新华书店系统实行新书主配试销办法》。

同日 向部报《关于〈交通知识读本〉由我社出版的请示》(7月26日部办公厅主任批复同意)。

5月10日 部直属机关团委批复，同意经社第11届团委会选举的顾熵鲁为出版社团委书记。

5月12日 向部外事司报《关于王建中、杨景亮同志赴日本参观学习与技术交流的请示》：根据日本富士机械工业株式会社邀请，6月15~30日赴日就商业表格印刷机的生产、使用及该种设备提供反馈意见。

5月16日 社长张忠晔主持召开社长办公会，专题研究编辑业务及编辑工作。会议决定：

①为进一步加强对编辑业务的引导、加强对各生产环节的调控，总编办公室在1~2个月内对选题的发展方向、优化选题的运作模式、从选题到发行销售的图书总体营销策划等方面进行深入的调研，提出指导性的意见和要求；

②总编办要抓紧实施编辑培训计划；

③对包销书要严格控制，提出控制办法；

④各编辑部要着手作者市场的组织培育；

⑤计算机图书部公司化运作要加快步伐；

⑥图书质量一刻也不能放松；

⑦出版大型工具书和有影响的重点书是创交通社品牌重要方面，给予政策上的扶持；

⑧发行部对新开发产品（地图、计算机图书、电子出版物）销售下达具体硬指标；

⑨所提增加各种经费问题，按各部门与社签订的经营目标责任书办理；

⑩下决心用科技、知识、技术手段来改变目前印务工作的状况和运作模式。

另还对发行部提出的“调整图书出版时间，以便在每年春季（3~4月）和秋季（9~10月）两个图书销售旺季，集中推出我社新书”的建议进行了研究，并形成共识。

同日 印发《中文图书质量要求及评定标准》、《校对质量管理办法》、《图书排印装质量检查办法》、《图书付印样审读办法》及《传达室管理规定》、《消防、保卫工作管理规定》。

5月17日 印发《图书部以外人员组稿、加工管理办法》。

5月23日 印发《关于发布〈人民交通出版社在岗职工工资分配实施办法〉》、《人民交通出版社职工违反劳动纪律处罚规定》。

5月29日 印发《人民交通出版社“三讲”教育整改后续工作方案》：全面总结了“三讲”教育后所取得的成绩，找出了不足，进一步明确了今后的努力方向，增强了信心,鼓舞了干劲,为加快出版社的改革和发展,起到了重要的推动作用。

5月31日 根据5月16日社长办公会和5月24日生产会议精神,社将在6~7月份召开选题发展方向、优化选题结构、图书整体营销策略等问题专题研讨会,特印发《关于各图书部组织编辑人员开展调研工作的通知》。

6月2日 中国公路学会发出《关于第二届中国公路学会专家委员会、青年专家委员会组成人员名单的通知》,定我社韩敏为青年专家委员会40名委员之一。

6月5日 根据中国出版协会《关于开展第三届全国"百佳"出版工作者评选表彰活动的通知》要求,我社推荐梁恩忠参评。

6月7日 根据部人劳司转发《关于推荐〈中国科学技术专家传略〉交通卷入传专家人选的通知》的精神,我社推荐金如霆、陈民扬、武崇理、王肃仪4人。

6月12日 部发出《关于下达2000年交通中央财政预算内基本建设投资计划的通知》,我社有4800平方米、总投资1760万元(其中自筹360万元)的计划。

同日 社开始举办了计算机基础知识及出版系统应用网络软件学习培训班,社领导、干部、职工有160多人参加,为计算机网络化管理的实施做好准备。这将给出版社管理带来质的飞跃,为把图书生产过程中的四大环节——编辑、印制、发行、财务通过两层数据:以财务为中心的经济数据和以业务为中心的业务数据有机联系,用管理作为操纵杆控制掌握每一个生产环节,就必须网络化管理,向现代化管理和信息化迈进。为此,定于2000年7月1日始,开通计算机网络管理系统。

6月14日 部人劳司发出《关于同意组建人民交通出版社出版专业副高级职务评审委员会的批复》:评委会任期三年,主任委员:张忠晔;副主任委员:黄大斌、梁恩忠;委员:黄伟、常行宪、马小奇、杜颖、毛宝兴、涂浩、吴德心、蔡培荣、夏平飞、齐国强、闫东坡、杨真、韩敏、卢仲贤、王淑琴、郭思涛、黄小牛、张向东、刘继辉、蒋明耀、钱悦良。

6月20日 印发《部室外人员编辑加工费支付办法》。

6月21日 部发出《关于办理固定资产移交工作的通知》。我社芍药居6500平方米及印务公司2500平方米(其中社资金国拨4820351.67元)。

6月27日 公布6月14日社长办公会讨论通过的《人民交通出版社考勤管

理规定》、《人民交通出版社打卡管理暂行规定》,7月1日起施行。

6月28日 向新闻出版署申报"十五"期间国家重点图书的书目:①现代桥梁技术丛书(10册);②厦门海沧大桥建设丛书(10册);③现代混凝土工程手册(1册);④中国汽车工程手册(5册);⑤航道整治工程手册(1册)。

6月30日 印发《编辑经费中图书赠阅费用的管理办法》、《编辑经费发行费用中业务费的使用规定》。

7月3日 向部呈《关于申请出版〈叶飞回忆录续——在交通部期间〉一书的报告》。根据部领导的批示精神,我社拟出老一代革命家、原部长叶飞的遗作《叶飞回忆录续——在交通部期间(1975~1979)》一书。

7月5日 向部体法司并翁副部长报《关于创办〈中国交通〉杂志的请示》。

7月7日 根据中国航海学会《关于理事换届改选工作有关问题的通知》要求,我社推荐张忠晔社长为常务理事候选人。

7月10日 印发《人民交通出版社会议制度》、《人民交通出版社固定资产及低值易耗品管理办法》、《人民交通出版社办公费使用管理办法》、《人民交通出版社邮挂费使用管理办法》、《人民交通出版社公用电话及电话费管理办法》、《人民交通出版社运输管理办法》、《人民交通出版社维修工作管理办法》。上述制度均于1月1日起执行,原有的一律作废。

7月12日 向部体法司呈《关于我社拟成立"北京九洲通图电子信息发展有限公司"(暂定名)的请示报告》。

7月14日 交通部党组决定:唐学军任社党委书记;杜颖任社纪委书记;增补常行宪、杜颖为社党委委员;免去黄大斌社党委书记、委员职务(7月20日部决定调交通报社工作);免去张德明社党委副书记、委员、纪委书记职务。同时交通部决定:常行宪、杜颖任副社长;张德明任巡视员;免去黄大斌副社长职务。

7月17日 部体法司批复同意我社成立"北京九洲通图电子信息发展有限公司",并原则同意该公司章程。

7月19日 印发《人民交通出版社部门自管机动车使用管理办法》。

7月28日 张忠晔社长主持召开第四届五次管委会,会议决定:为扩大我社的业务范围,充分利用我社的优良资产,同意以地图室为主成立“北京九洲通图电子信息发展有限责任公司”。该公司为出版社与兴通交通书店共同投资的股份制公司,书店投资5万元,社投资50万元和价值25.8万元的资产。地图室名称继续保留,原有数据由地图室和公司使用。根据发展需吸纳外部资金、技术并注册新公司时对现有资产(包括数据)再行重新评估。

8月15~17日 在北京召开部分发行网点经理座谈会,听取网点经理对我社半年来发行工作的意见和建议;听取网点经理对如何建立和开拓汽车、地图、计算机图书的销售渠道的建议;听取对欠款清理的意见和建议。

8月17日 社党委中心学习组(扩大到中层干部)集中学习了江总书记“三个代表”的重要论述。张忠晔社长做了中心发言:“通过学习,我们领导班子在统一思想、统一认识、统一纪律、统一行动四个方面取得了一致意见。”唐学军书记最后强调:“张社长通报了新班子的学习情况,新班子定的几条纪律和向中层干部提出的要求,要向职工传达,让群众监督。”

8月20日 中国交通工程学会发出《关于推荐中国交通工程学会第五届理事会理事的通知》,我社告知该会,常行宪原为常务理事。

8月22日 公布《关于成立基建办公室的通知》:大屯新建业务楼今年开工,为保证工程的顺利进行,确保工程质量,控制投资总额,决定成立基建办公室,主任张斌;成员有袁素桢、郑士田(社会聘请工程技术人员)、法律顾问等人组成。

同日 公布《关于张放等同志的任免决定》,部门负责人4人,兼副总编辑2人(黄小牛、韩敏),调研员1人。

8月31日 印发《开展创建“文明部室”活动的意见》。

9月11日 由于机构和人员的变动,印发《关于调整各专门委员会、专业小组成员的通知》。

①第四届管委会:主任张忠晔,委员有唐学军、黄伟、郝爱国、常行宪、杜颖、张德明、郭荣、卢绪妹、马小奇、郑建、闫东坡、刁乃杰、毛鹏、王振军等;

②交通安全委员会:主任张忠晔,委员常行宪、段伯潮;

③计划生育委员会:主任张忠晔,副主任郭荣、董文芹,委员18人;

④劳动争议调解委员会:主任郭荣,职工代表罗金华、沈鸿雁、王振军、汪国玉,行政代表:崔雪飞、袁素桢;

⑤综合治理领导小组,组长常行宪,组员8人;

⑥保密领导小组,组长唐学军,组员6人;

⑦职称改革领导小组,组长郝爱国,组员4人;

⑧出版专业中、高级职务任职资格评审委员会,主任委员张忠晔,副主任委员黄大斌、梁恩忠,委员21人;

⑨出版专业技术职务评审组,组长梁恩忠,组员6人;

⑩社政工专业初级职务评审委员会,主任唐学军,副主任张德明、王建中,委员6人。

9月18日 新闻出版署《关于表彰中国大百科全书出版社等139家良好出版社的决定》,我社被评为1997~1998年度良好出版社。

9月19日 向交通部报《人民交通出版社2001基建建议计划》:①库房加层项目,因生产规模已比90年代初翻3番,周转量增加,大屯书库原设计三层,实建两层,现申请加盖一层,面积1100平方米,工程费480万元;②和平里旧楼暖气更新80万元;③芍药居电增容更新77万元。

10月9日 交通部公路司下发《关于编辑、出版〈公路交通政策、法规专刊〉有关事项的通知》:决定由人民交通出版社编辑、出版《公路交通政策、法规专刊》,拟于2000年12月创刊,暂定为季刊。

10月23日 印发《学习贯彻党的十五届五中全会精神的通知》。

同日 驻部纪检组批复,同意张德明兼任纪检监察室主任,免去袁素桢纪检监察室主任职务。

10月30日 印发《关于调整财务报销时间及报销程序》,11月1日实行。

11月3日 《人民交通出版社交通政务信息》(第二期)刊《交通出版地图出版前景看好》一文。我社成立以来,主要出版交通版图书、杂志。为在激烈的图书市场竞争中占有更多的份额,90年代初,我社在传统出版业务外着力开拓新业务,先后增加了录音、录像出版物,电子出版物,计算机图书和交通地图的制作出版业务。经过一段艰苦创业,新业务均已形成了一定的规模。其中尤以地图出版进度最快、成效最大,1993 年成立专门机构——地图编辑室,采用最先进的技术装备和制作工艺制作地图,使地图制作技术的起步便在行业的前列。1996 ~ 1999 年间共制作、出版交通地图 30 余种,其中《中国公路里程示意图》、《速查中国公路交通图》、《最新中国分省交通图》,在社会上很受欢迎,2000 年的销售量在我社所有出版物发行量中一直名列前 10 名,在社会众多工作、生活用地图中亮出了交通社的品牌。今后将开展电子地图、网上电子地图业务,保持制作、出版交通地图前列的地位。

12 月 14 日　根据北京市版权局《报送 2000 年度"输出图书版权情况统计表"》要求,报向台湾五洲出版社输出《新英汉汽车技术词典》。

同日　根据新闻出版署颁布的《音像制品条码实施细则》要求,自 2001 年 1 月 1 日开始实施音像制品条码制度,必须是以惟一的专用名方可申请"出版者前缀"。向部体法司报《关于启用我社"人民交通音像出版社"出版音像制品的请示》。

12 月 22 日　向部体法司呈《关于办理电子出版物版号的申请》,我社出书范围,在科技图书出版的同时,需要配合出版与图书配套的有关电子出版物,现准备出版《水运工程建设现行技术标准全文检索系统光盘》报上。

12 月 25 日　向部报《2001 年出版计划》及选题的分析报告。

12 月 31 日　公布《各部门和经营实体领导岗位竞聘实施办法》。

2001 年

1 月 17 日　向部体法司报《人民交通出版社年检(1999 ~ 2000 年)工作总结》。

1 月 18 日　召开第四届职工代表大会第三次会议,审议通过张忠晔社长工作报告;审议《出版社"十五"发展规划》、《2000 年财务工作报告》;表决通过《2001 年改革方案》。

1 月 20 日　向部机关党委报《人民交通出版社党委 2000 年主要工作回顾》。

2 月 7 日　根据新闻出版署《关于对全国良好出版社进行图书编校质量检查的通知》要求,向部体法司报《关于人民交通出版社 1999 年图书编校质量自查工作的报告》。

2月8日 同意建立“福州市鼓楼区通世纪交通书店”，为我社在福建省的发行网点。

同日 印发《人民交通出版社图书批发折扣标准(2001年)》。

2月9日 经公开竞争、民主测评、社长提名、党委讨论通过等程序，决定聘任各部门中层领导干部29名，3月30日又聘2名。

2月13日 根据我社小汽车编制数未达标，经请示交通部办公厅批准我社购置国产小汽车1辆。

同日 印发《关于公布发行部等部门岗位定编的通知》、《关于处理退书的有关规定》。

2月22日 印发《样书发放范围及管理办法》(修订)、《地图、音像、光盘样本发放范围及管理办法》、《图书发稿流程(修订)》。

2月28日 印发《关于发行业务交往过程中现金处理的规定》。

3月5日 向部人劳司、机关党委并翁副部长呈《关于我社顺利实施2001年改革工作的报告》。

3月8日 社长办公会上，张忠晔社长传达全国新闻出版局长会议石宗源署长《认真落实五中全会精神，坚持先进文化的方向，推动新闻出版业在新世纪的更大发展》为题的讲话精神。

研究讨论并原则同意《2001年改革方案》、《2001年工资分配办法》，以及金飞计算机图书中心2001~2003年生产经营模式、经营目标和管理办法等。

3月9~10日 在北京召开由我社承办的“交通高等教育教材建设研究会常务理事会筹备会议”，黄伟和杜颖副社长出席了会议，会议由黄伟主持。参加会议的有东南大学、西南交通大学、重庆交通学院、福州大学、武汉理工大学、华南理工大学、河海大学、长沙交通学院、吉林大学等代表14人。

3月15日 印发《2001年改革方案》。

3月16~20日 在贵阳召开“人民交通出版社2001年营销工作会议”，25个交通书店和4个建工书店的39名代表参加了会议。张忠晔社长、黄伟副社长及发行部、总编办和汽车、公路、地图编辑部派员参加。黄伟进行了总结性发言,张社长做了重要讲话。

3月19日 印发《人民交通出版社党委2000年主要工作回顾》、《人民交通出版社党委工作思路》、《人民交通出版社照排工价》。

3月20日 根据高等学校路桥及教指委与我社于2000年6月在南戴河共同组织召开的"教学改革与教材建设研讨会"的安排,我社向各有关院校、交通工程专业教学指导委员会筹备组成员发出《关于印发新一轮"面向二十一世纪交通版"高等学校教材总目录的函》。

同日 印发《关于成立大屯库区社会治安综合治理小组和义务消防队的通知》。

3月27日 印发《人民交通出版社党委中心组学习制度》、《党委中心组2001年学习计划》、《人民交通出版社综合业务楼工程廉政规定》。

4月2日 根据2001年改革方案有关规定,全社终审由审读加工部负责,并经研究认定7位同志为终审人员。

4月3日 印发《关于统一对人民交通出版社经销店授牌并开展评比活动的若干规定》、《关于学习贯彻九届人大四次会议精神的通知》。

4月6日 党政联席会,研究关于加入出版集团问题、关于资源(现办公地点及大屯库区)开发问题。

同日 中国交通教育研究会同意增补我社为理事单位和常务理事单位,理事为闫东坡,常务理事为杜颖。

4月11日 决定第一公路图书编辑部恢复公路图书编辑部名称;第二公路图书编辑部更名为土木工程图书编辑部。

4月12日 印发《关于公路图书编辑部、土木工程图书编辑部有关分割事宜的通知》。

4月13日 印发《关于规范财务付款和有关报销程序的通知》、《关于与二渠道经销店商定欠款还款计划的若干准则》、《我社图书出版流程》。

4月23日 印发《关于外印图书入库的有关规定》。

4月25日 印发4月14日在京召开《公路技术词典》编委会第一次工作会议纪要。传达了黄镇东部长于4月20日对此项工作再次作出的重要批示："要搞就搞好，搞成精品。时间服从质量。"会议由胡希捷副部长主持并讲话，着重阐述了编写《公路技术词典》的重要意义和编写工作应遵守的原则，对做好编撰工作提出了具体要求。我社张忠晔社长、杜颖和常行宪副社长、李家本原社长参加了会议。

4月29日 交通部在2001年交通固定资产投资计划中批准我社印务公司购置彩色胶印机（海德堡CD102 4CP2000）1台，总投资1040万元。

同日 印发《人民交通出版社纸张采购、保管和调拨管理办法》、《关于定点印刷厂、装订厂的管理办法》和《关于改进考勤管理的通知》。

5月8日 我社于2000年7月28日向部请示将部分非经营性资产转经营性资产。经部办公厅审核并报国务院机关事务管理局批准，同意我社将部分非经营性资产（固定资产账面原值233666元，净值174551元，评估值145020元；现金50000元）转为经营性资产，用作对北京九洲通图电子信息发展有限责任公司的投资。

5月14~15日 党政联席会研究决定2001~2002年主要生产经营部门和管理部门目标责任书；计算机图书部的发展问题；社服务中心的职能、性质和管理办法。

5月16日 印发《关于组织学习江泽民〈论科学技术〉的通知》。

5月21日 北京市版权局同意我社为反盗版工作委员会成员。

5月26日 向中建标公路委员会申请加入"标委会"，并推荐郭思涛作为入会候选人。

5月29日 新闻出版总署发出《关于人民交通出版社2001年年检登记的函》，准予年检登记换证。

6月22日 社长办公会决定：

①同意公路图书编辑部确定的交通版高等学校教材体系表，并依此树立品牌，宣传我社形象的概念；

②为密切与专家委员会的联系，推荐杜颖副社长任副主任委员，委员会下设办

公室，挂靠公路图书编辑部，韩敏任主任；

③专家委员会应适时扩大，由我社组织、投资，把社会力量、专家吸纳进来，最终建立统一的专家委员会；

④教材出版工作适当加大投入力量。允许有统编、社编两套教材，社编的可以纳入统编范畴，教材编辑部负责统编教材的组织编写，各部室有力量的可以组织编写社编教材，由总编辑办公室最后调控；

⑤由杜颖副社长协调、总编办会同教材编辑部等有关部室制定统一的教材出版规划，并组织实施。

6月25日 社长办公会作出关于社服务中心公司制运作的决定，注册资金30万元，具有独立法人资格，财务独立核算，逐步实现自收自支。承担社委托的全社的后勤行政管理工作和后勤服务保障工作，实行有偿服务。要与社签订责任书。

6月29日 印发《人民交通出版社局域网及应用管理办法》、《人民交通出版社防治计算机病毒管理办法》。

6月29日~7月1日 在京召开"面向21世纪交通版高等学校教材(公路类)编委会暨教学改革研讨会"，与会代表31名。我社张忠晔社长、杜颖副社长等6人参加了会议。杜颖为该委员会的副主任委员之一。我社公路图书编辑部为该编委会秘书处，韩敏为秘书长。

7月2日 印发《关于进一步加强全社档案基础管理工作的意见》。

7月3日 发布《人民交通出版社定点印刷厂、装订厂评选办法》。

7月10日 印发《人民交通出版社聘用编辑人员管理办法》。

7月12日 印发《图书资料借阅管理制度》。

7月19~21日 在昌平召开全社中层领导年中工作会议。

7月24~29日 交通职教路桥专业教学与教材建设研讨会在昆明市举行，到会代表23名，我社卢仲贤、张斌参加了会议。会上确定成立了交通高等职业技术教育路桥专业教学与教材建设联络组，卢仲贤为联络组副组长。会议讨论通过了其章程，以及"路桥专业高职教材编审的原则意见"，研讨了教学计划框架等。

7月25日 张忠晔社长、唐学军书记向翁副部长汇报关于出版社总体状况、体制改革、生产经营、发展规划、主要问题、结构调整设想等方面情况后，翁副部长说：

看了你们民主生活会会前征求党内外意见的材料，总的认为群众对领导班子评价不错，给予了肯定。工作是有成绩的，受到群众欢迎。我看后很高兴。但从发展的角度看，存在的问题还不少，关键是发展基础比较脆弱，市场压力比较大。不能满足眼前的成绩，要立足长远发展。同意你们下一步工作的基本思路。

改革仍是出版社下一步发展的主线。

企业面对的是市场，要下大力气去抓市场。改革的步子不能停，要立足机制的转变。

出版社能不能搞好，是出版社全体职工的事，要把全体职工的注意力集中到发展生产上。

要加强改革工作，加强市场工作，尤其要改变传统观念，树立竞争意识。

要划小核算单位，多办一些二级公司，充分利用经营实体去发展。公司制一定要搞。

出版社是两头在外，一头是编辑，编辑要敏锐，组织好选题，加工后出书。发达国家汽车杂志很好销。要搞活。另一头是发行。出版社的本事在两头，不在中间，没有“头”飞不起来，分配制度要向两头倾斜。好机制可以激励人，领导是营造机制的，一定要建立起好的激励机制。

出版社的工作方针应是创效益，出好书，出精品。

7月27日 向部请示，郝爱国副社长、印务公司席宇鹏总经理等4人赴德国考察与技术交流(9月15～28日，海德堡公司出资)。部于7月30日批准。

7月31日 印发《关于审读加工部领取加工费用的有关规定》，2001年1月1日起执行。

8月15日 定于9月6～11日在拉萨召开《中国交通50年成就》系列丛书编写与出版经验交流会，致函部体法司领导和省、市、自治区编写工作的主要负责人。

8月16日 常行宪副社长援藏，被西藏自治区人民政府任命为交通厅副厅长。

8月21日 印发《关于新社徽使用和管理的通知》、《关于我社英文名称使用和管理的通知》。

8月22日 根据中国公路学会8月1日《关于筹备成立“中国公路学会高速公路运营管理学会”的通知》要求，我社推荐韩敏为理事。

8月25日 常行宪副社长和社办主任李冰天代表我社参加在拉萨市布达拉宫广场举行的“全国交通系统援助西藏公路养护机械捐赠仪式”。在此次活动中我社共捐赠了价值60万元的公路类、计算机应用和实用科普类图书，不仅缓解了西藏公路系统职工缺少专业科技图书的状况，也表达了全社职工支援边疆少数民族地区交通建设的一份心意。

8月30日 向教育部职业教育与成人教育司报《关于申请将我社列入“教育部中等职业学校国家规划教材出版基地”的报告》。

8月31日 党政联席(扩大)会，研讨2001年发行工作形势、存在的问题和解决办法；“十五”发展规划纲要修改稿；关于加快地图专业、汽车专业发展的意见。

9月6日 印发《关于制作新社徽宣传品的通知》。

同日 根据交通部决定，我社名称为“人民交通出版社”，不再冠以交通部，印发了《关于我社作废旧公章启用新公章的通知》。

9月12日 向教育部职业教育与成人教育司报《关于申请出版中等职业学校国家规划教材的报告》，并报送竞争方案。

9月17日 向部请示，我社印务公司王建中等3人于10月8～19日赴德国考察与技术交流，由海德堡公司出资。部于9月20日批准。

9月19日 印发《关于编制2002～2004年选题规划的通知》，明确了编制指导思想，并提出编制要求。

10月11日 根据中国公路学会6月1日《关于筹备成立“中国公路学会公路规划分会”的通知》要求，我社推荐赵蓬为理事。

10月19日 根据新闻出版总署《关于申报认领“十五”国家重点图书出版规划“自上而下”项目的通知》要求，我社报3种项目：《大型复杂结构体系的关键科学问题及设计理论研究》、《少儿通俗哲学》、《青少年美文文丛》。

10 月 29 日　向部科技教育司报《关于申请首批“交通类学科(专业)学术著作”出版资助经费的报告》(共 8 种)。

11 月 16 日　向部呈《关于请求调整我社工资制度的请示》。

11 月 19 日　根据定点印刷厂、装订厂的管理办法及其评选办法,宣布《关于确定定点印刷厂、装订厂的通知》:印刷厂有我社印务公司及鑫正大、牛山世兴、百善、凯通、大华山 6 家;装订厂有精美华、密东、兴华、马大庙、新艺、鑫达 6 家。并决定每年考察一次,视情况适时调整更换,实行动态管理。

11 月 27 日　为配合部规范对从业资格证书制作发放工作的管理,我社承担了从业资格标准范本的设计、印制工作。向部公路司请示关于确认《营业性道路运输驾驶员从业资格证》标准范本。

11 月 29 日　社长办公会:决定劳服公司从 2002 年 1 月 1 日开始正式按公司制模式运作;“十五”发展规划纲要的审定要在 12 月完成并实施;加快汽车图书编辑部、对外合作部改制的准备工作;加快纸库、书库选址工作;进一步研究工资制度问题;原则通过“建社五十周年庆祝活动”筹备工作方案。

12 月 10 日　根据 4 月 6 日党政联席会决定和 11 月 20 日翁副部长有关重要指示,党政联席会决定社办要在第四季度抓紧新库区选址调研工作,并对十几块中优选两处(顺义、怀柔)加以研究。

12 月 19 日　向部体法司报《关于我社拟申请增加电子出版物出版权的请示》,请部审核,转呈新闻出版总署审批。

12 月 25 日　印发《人民交通出版社“十五”发展规划纲要》。

12 月 27 日　发布《人民交通出版社优秀图书奖励办法》、《人民交通出版社先进个人、先进集体奖励办法》(2001 年 1 月 1 日起执行),印发修订的《人民交通出版社职工培训管理办法》、《人民交通出版社职工违反劳动纪律处罚规定》。

12 月　被中国书刊发行业协会评为 2001 年度全国优秀畅销书的有:《公路施工组织及概预算》、《公路工程监理培训教材》(共 5 册)、《汽车构造》(上、下册,第三版)、《营运汽车驾驶员职业培训教材》、《中国交通营运里程图集》、《中国公路里程速查详图》、《汽车驾驶员培训教材》等共 7 种。

本年 《客运架空索道安全技术》一书获科学技术进步三等奖。

2002 年

1 月 11 日 我社在新闻出版总署社店互评活动中被评为 2001 年度“讲信誉、重服务”单位。

1 月 22 日 向部直属机关党委报《人民交通出版社党委 2001 年工作总结》。

1 月 28 日 印发《关于转发部直属机关纪委 <关于认真做好廉政工作的通知> 的通知》。

2 月 5 日 张春贤副部长代表部党组带领部直属机关党委副书记周世旺、部直属机关工会主席张荣祥来我社视察和看望印务公司职工。张春贤副部长听了社党委书记唐学军和印务公司党委书记王建中汇报后，详细询问了印务公司经营规模、生产设备、职工收入等情况。他指出：印务公司及职工曾为交通出版事业的发展做出了许多贡献，他们的困难就是我们的困难，我们有责任帮助他们。并对出版社出资为印务公司退休职工解决了积压多年的医药费报销问题给予了肯定。还到特困职工武文光家中进行慰问，鼓励他坚守信念、克服困难。临别时，向出版社和印务公司全体职工致以亲切的问候。

同日 召开第四届职代会第四次会议，审议通过《2001 年社长工作报告》，审议《2001 年财务工作报告》、《党群工作报告》。

2 月 19 日 印发《社党委工作要点》。

2 月 21 日 印发《第四届职工代表大会第四次会议对〈社长工作报告〉的决议》和《社长工作报告》。

2 月 25 日 印发《人民交通出版社图书批发折扣标准（2002 年）》。

同日 召开党政联席会，传达中纪委七次全会精神；研究布置 2002 年主要工作的实施。

2 月 26 日 部直属机关妇委在表彰交通部直属机关优秀女领导干部、五好文明家庭、优秀妇女干部活动中，杜颖被评为优秀妇女领导干部、许代娣被评为五好家庭、郭荣被评为优秀妇女工作干部。

2 月 28 日 印发《交通出版社党委中心组 2002 年学习计划》。

同日 根据2001年关于统一对我社经销店授牌并开展评比活动的规定，对2001年度各网点销售情况进行了评比，共评出优秀经销店5家、良好经销店9家、合格经销店14家，予以公布并授牌。

3月11日 党政联席扩大会议，研究发行部、汽车图书编辑部、水运图书编辑部、对外合作部、计算机图书编辑部、电子音像部等单位公司制改造方案。

3月14～17日 在安徽合肥召开2002年营销工作会议，36家交通书店及4家建工书店的46名代表参加了会议。张忠晔社长、黄伟副社长以及发行部、总编办和汽车、地图、公路等编辑部负责人出席了会议。张忠晔社长就入世后社店发展及合作方式的改进问题做了重要讲话，黄伟副社长做了总结发言。

3月19日 印发《关于调整社保密领导小组成员的通知》，组长：张忠晔，组员6人。

3月22日 印发《人民交通出版社参加国际书展管理办法》。

3月31日 向部审计局报送《关于我社2002年审计工作计划的报告》。

4月16日 印发《2002年交通出版社党风廉政建设及反腐败主要工作安排》。印发《选题审批管理办法》、《书号使用管理办法》、《重点图书出版管理办法》、《重点图书生产运作管理办法》、《图书周期管理办法》。

4月19日 部《关于印发2002年交通固定资产投资计划的通知》中安排我社购置出版设置8台套，需资200万元（部安排）；印务公司危旧厂房改造800平方米，需资100万元（部安排）。

4月26日 印发《关于成立社选题小组的通知》，杜颖副社长任选题论证小组召集人，成员由12人组成。

4月30日 聘任蒋明耀等7人副主任职务。

5月8日 部决定我社与中国船级社对口帮扶河南洛阳市栾川县。

5月14日 印发《关于集中力量完成我社承担的中等职业教育国家规划教材出版任务的通知》。成立了生产指挥调控小组，杜颖副社长任组长，成员由9人组成。

5月15日～6月18日 利用业余时间举办2002年羽毛球比赛，共进行88场比赛,80 多名职工参加了此项活动。

5 月 17 日　向张春贤副部长、翁孟勇副部长呈《关于解决我社印刷厂困境问题的请示》。

5 月 30 日　向部扶贫工作领导小组报送《关于贯彻交通部定点扶贫工作座谈会精神和落实我社 2002 年度帮扶栾川县措施的报告》。措施:(1)建立社扶贫机构,决定郝爱国副社长为负责人,办事机构设在社长办公室;(2)落实 20 万元专项扶贫款,用于支持栾川县科技与教育事业;(3)捐赠 10 万元(约 3000 册图书)中初级计算机普及读物,以支持智力扶贫工作;(4)社主要领导将在第三季度前往栾川县实地考察调研。

6 月 6 日　根据新闻出版总署 3 月 14 日发《关于举办第二届国家音像制品奖评奖活动的通知》要求,我社选报《电控汽油喷射系统结构、原理及故障诊断》(汽车新技术系列片之一)。

6 月 10 日　印发《人民交通出版社医疗及医疗费(暂行)管理办法》。

6 月 17 日　印发《关于规范发稿、加强对出版合同管理的通知》。

6 月 24 日　国际海事组织行政和财务司司长琼斯、行政司出版事务处处长格瑞尔、行政司销售和营销处处长戚尔一行 3 人来我社,商谈今后海事组织中文出版物在华销售的合作事宜。

同日　印发《关于召开年中工作会议的通知》,此会拟于 7 月中下旬召开。

6 月 26 日　唐学军书记被评为交通部直属机关 2000 ~ 2001 年度优秀党务工作者;张忠晔、黄小牛、高月刚(印务公司)为优秀党员。

7 月 5 日　印发《人民交通出版社招聘编辑暂行管理办法》。

7 月 12 日　印发《关于进一步加强我社安全生产的通知》。

7 月 18 ~ 20 日　在怀柔召开全社中层领导干部年中工作会议。

7 月 20 日　音像部根据北京市新闻出版局《关于 2002 年北京地区音像出版单位审核登记工作的通知》,经社、部体法司审核报送。

7 月 26 日　印发《关于印发普通高等教育“十五”国家级教材规划选题的通知》。根据教育部的通知,教育部委托我部管理的普通高等教育交通运输类专业

“十五”国家级教材规划选题，确定我社共14种。

同日 印发《关于出版第二批交通类学科（专业）学术专著的通知》，经专家评审，决定资助出版第二批学科（专业）学术专著，书目清单6种。

7月 根据新闻出版总署6月4日《关于开展第二届“服务‘三农’全国农村图书大联展”活动的通知》的要求，我社报汽车、摩托车、拖拉机、柴油机、农用车、畜牧林渔用机械等书目35种。

8月7日 印发《人民交通出版社返聘离退休编辑人员管理办法》。

8月8日 根据新闻出版总署《关于向贫困县图书馆赠送图书活动有关事项的通知》精神，我社赠送3种图书：《公路建设项目用地实务》、《乡镇船舶安全管理法规文件选编》、《畜牧业、林业、淡水渔业机械使用技术问答》，每种530套，共计1590册，实洋值7155.00元。

8月9日 召开社长办公会议，专门研究教材出版问题，做出7项决定。

8月13日 成立“质检和审读加工部”（原总编办图书质量管理、终校职能和原审读加工部职责合并）。

8月13～20日 在贵阳召开《公路施工手册——路基》终审定稿会。

8月14日 印发《人民交通出版社书稿档案归档管理办法》。

8月29日 向教育部报送《中等职业教育国家规划教材使用培训班工作总结》。我社承办5个专业的教材使用培训班：7月21～22日在南昌举办汽车运用与维修专业教材使用培训班，49人参加；8月8～9日在西宁举办公路与桥梁专业教材使用培训班，46人参加；8月14～15日在上海举办船舶驾驶、轮机管理、船体修造与维修3个专业的教材使用培训班。

8月30日 部直属机关党委举办理论学习演讲比赛活动，沈鸿雁同志获三等奖。

同日 印发《关于我社书稿终审工作的通知》，确定6人负责终审工作。

9月6日 决定从9月中旬到10月下旬开展“党风廉政教育月”活动。

9月11日 印发《关于进一步清理小金库的通知》。

9月12日 根据新闻出版总署《关于做好“十五”重点图书规划向党的十六大

献礼有关问题的通知》要求，我社"十五"国家重点图书规划选题进展情况汇总3种：《中国汽车工程手册》(共五卷，2001年6月已出版，拟推荐此书为优秀图书)、《现代混凝土结构工程手册》、《现代桥梁技术丛书》。

9月13日 交通部副部长翁孟勇在社长张忠晔的陪同下，参观指导我社印务公司工作。并指示印务公司要立足交通，服务交通，在新时期、新形势下，为交通出版事业做出新贡献。

9月16日 印发《人民交通出版社发行部工作责任扣罚试行办法》、《关于编制2003～2005年选题规划及2003年出版计划的通知》、《关于创建作者信息库的通知》。

9月18日 印发《关于成立社信息化建设领导小组的决定》，组长张忠晔，副组长黄伟、杜颖，组员10人，办事机构设在社长办公室。

9月19日 印发《关于进一步加强我社"国庆"和"十六大"期间安全保卫工作的通知》。

9月20日 交通部直属机关工会在工体举办交通部直属机关"公路所杯"保龄球大赛，我社6人参赛。

9月27日 召开社信息建设工作会议。

10月7～18日 韩敏、王振军参加第54届法兰克福国际图书博览会。

10月21日 发布《关于汽车图书编辑部等部门经营体制改革及管理办法的通知》。

根据社"十五"发展规划纲要精神，经社长办公会研究决定，汽车图书编辑部、水运图书编辑部、计算机图书编辑部和电子音像部自2002年10月1日开始公司制运作。

(1)以汽车图书编辑部为基础，组建新的"北京金飞图书发行中心"，编辑部与中心两个名称同时使用；

(2)水运图书编辑部与北京交实贸易公司下属的人民交通出版社交实书店合并，两个单位名称同时使用；

(3)以计算机图书编辑部和电子音像部为基础，成立"北京多元文化发展有限公司”,两个编辑部和公司三个名称同时保留,根据需要使用。

上述三个新建单位已聘任经理、副经理,他们原编辑部的职务不变。

10月23日 顾熇鲁随中国基层工作代表团赴日本进行友好访问(23天)。

10月29日 向部体法司、人劳司报送《关于我社办理企业法人登记情况的报告》。我社于2001年5月按国家规定,在国家事业单位登记管理局办理了登记手续,领取了《事业单位法人证书》。办完手续后,又向国家工商行政管理总局申办企业法人登记,并于2002年10月16日被正式核准,领取了《企业法人营业执照》。

10月30日 向部科技司呈《关于申请举办“2003年中国交通信息化发展成就展览暨第一届北京国际交通信息科技博览会”的报告》,请交通部做博览会主办单位,由我社与北京九洲通图书电子科技发展有限公司做承办单位。

11月12日 收到交通部转发的《关于公布第三届“吴福——振华交通教育奖励基金”获奖名单的通知》。我社出版的一批高等教育类、职业技术教育类教材获“优秀交通类专业教材奖”。

11月19日 向部人劳司呈《关于请审核人民交通出版社2001年度工效挂钩方案的报告》。

11月24日 新闻出版总署组团赴台湾举办“海峡两岸书刊发行研讨会”,12月7日结束。我社张忠晔、黄小牛同志参加。

11月26日 印发《关于执行医疗保险制度的通知》。出版社自2002年12月1日起在职职工、退休职工全部进入医疗保险,实行社会化管理。

同日 印发《人民交通出版社计算机及网络系统维护管理办法(试行)》。

12月2日 印发《人民交通出版社医疗保险实施办法》的通知。

12月3日 印发《关于沈鸿雁等同志专业技术职务评审结果的通知》。经人民交通出版社出版专业高级职务评审委员会评审、新闻出版署政工专业高级职务评审委员会评审,我社沈鸿雁等4位同志分别获副编审、高级政工师的任职资格。

12月11日 由交通部组织编写、我社出版的《领导干部交通知识读本》一书首发式举办。张春贤部长到会并讲话。原部长黄镇东借参加中央经济工作会议之际,回到部里参加了首发式。此前交通部办公厅已发出通知,要求组织好交通系统各级领导干部的学习工作。

12 月 21 日 印发《关于布置出版社 2002 年全员考核工作的通知》。要求各部门在明年 1 月 15 日前将《年度考核表》及优秀个人业绩和提为不称职人员的材料送交人事处。

12 月 25 日 印发《关于对外合作部经营体制改革及管理办法的通知》。经社长办公会研究决定,对外合作部自 2003 年 1 月 1 日起公司制运作。

12 月 今年,我社正式建立已经 50 周年,为迎接这一盛典,年初开始,即做了大量社庆筹备工作。进入 12 月份,陆续收到交通部部长,新闻出版总署、中宣部出版局等领导机关发来的贺辞、贺信,众多的著名作者、合作单位更是纷纷来电来信,表示同喜同贺。在人民交通出版社建社 50 周年庆祝大会上,新闻出版总署柳斌杰副署长、交通部翁孟勇副部长到会并讲话,中国机械工业联合会张小虞副会长、中国工程院梁应辰院士、中国出版工作者协会科技出版委员会周谊主任、新华书店总店王栋石副总经理等领导、同仁也来庆贺,并做热情洋溢的致词。

2003 年

1 月 8 日 我社发行部整体改制,经法定程序组建成中交盛世书刊有限公司,得到工商行政主管部门批准注册。其主管业务为我社出版图书的总批发、零售,行使我社发行部的全部职责,承担我社图书全部销售业务。

1 月 22 日 新闻出版总署发文批复北京市新闻出版局:经审核,人民交通出版社音像部等 111 家音像出版单位符合年检条件,准予重新登记。

2 月 5 日 我社作为 2003 年度部直属机关计划生育先进单位和达标单位献血工作先进单位;郭荣同志作为计划生育先进个人、献血工作先进个人,受到交通部直属机关计划生育委员会、公民义务献血委员会办公室的通报表彰。

2 月 25 日 交通部人劳司发批件:经委托新闻出版总署编辑专业高级职务评审委员会评审,郭思涛等 3 位同志具备编审任职资格;张斌同志具备副编审任职资格。

3 月 10 日 社党委向各支部、部室印发了《人民交通出版社 2003 年党委工作要点》。

3 月 18 日 中国公路学会筑路机械学会授予我社韩敏同志“中国公路学会百名优秀工程师”称号，并发给证书和奖牌。该奖项是中国公路学会为表彰在公路行业中做出优异成绩的科技工作者特设的。

4 月 2～14 日 新闻出版总署组团，参加台湾地区举办的祖国大陆图书展。我社派张斌等 3 位同志随团前往。

4 月 7 日 印发《人民交通出版社第四届职工代表大会第五次会议决议》、《社长工作报告》、《社长在 2003 年全社职工代表大会暨全社大会上的讲话》和《2002 年财务工作报告》。

4 月 22 日 北京出现非典型肺炎疫情，为加强防治，遵照上级指示精神，社当日下发了《关于做好我社非典型肺炎防治工作的紧急通知》。决定成立防治“非典”领导小组，负责全社防治工作和稳定工作；采取积极的防治措施；建立疫情报告制度等，并公布了疫情报告电话。

5 月 20 日 社发《关于进一步做好预防和控制“非典”工作的通知》：既定的防控“非典”各项制度和措施要继续执行；进一步加强防控工作，深化治理，不留死角；生产不能放松，要一手抓防治“非典”，一手抓经济建设；要把防控“非典”工作作为党员先进性教育的重要内容。

5 月 21 日 教育部委托全国学位与研究生教育发展中心组织专家对有关单位申报的研究生教学用书进行评议、审定后，公布了 2002～2003 年度推荐的研究生教学用书书目。我社出版的《交通运输工程学》入选。

6 月 4 日 交通部办公厅负责同志带队来社，征求出版社对和平里东街 10 号院开发的意见。

6 月 17 日 《人民交通出版社“公司”管理办法》和《人民交通出版社“分社”管理办法》印发。

6 月 19 日 为了弘扬先进，树立典型，激励基层党组织和广大党员夺取抗击“非典”斗争的全面胜利，交通部直属机关党委决定表彰 59 名优秀共产党员，并授予“交通部直属机关防治非典型肺炎工作优秀共产党员”称号。我社张忠晔、崔雪飞同志在受表彰之列。

6月20日 交通部、共青团中央联合发文，表彰2001～2002年度全国交通系统青年岗位能手和全国青年文明号。我社汽车图书编辑部被命名为“交通系统全国青年文明号”荣誉称号。

6月25日 张春贤部长主持召开第9次部务会议，确定了和平里东街10号院改造、交通出版社房产与交通宾馆及相关土地进行调整和资产划拨、交通宾馆成建制划入交通出版社等问题。

6月27日 经各支部评选推荐，社党委研究，决定通报表彰王振军等17名优秀共产党员，唐学军等2名优秀党务工作者和汽车党支部等2个先进党支部。

7月11日 根据《人民交通出版社“十五”发展规划纲要》和《人民交通出版社“公司”、“分社”管理办法》精神，经社长办公会研究决定，下达了各生产经营单位的目标责任书，要求相关部门遵照执行。

8月2日 社下发了《关于李冰天等同志职务任免的通知》，任免了一批中层干部。

8月28日 交通部直属机关党委决定表彰2002～2003年度部直属机关先进基层党组织、优秀党务工作者和优秀共产党员。我社韩敏同志被授予“交通部直属机关优秀共产党员标兵”称号；崔雪飞被授予“交通部直属机关优秀共产党员”称号。同时，对我社汽车党支部（转变观念、开拓市场）给予了“交通部直属机关基层党组织单项工作奖”的通报表扬。

8月 新闻出版总署公布“第十一届全国优秀科技图书奖”获奖书目，我社推荐的《汽车工程手册》（共5卷）和《悬索桥设计》，均获三等奖。

9月5日 根据工作需要，经驻部纪检组同意，王建中同志任我社纪检监察室主任，免去张德明同志兼任的纪检监察室主任职务。

10月10日 为加强我社“企业文化”建设，促进各项工作和任务目标的完成，维护全体员工的共同利益，《人民交通出版社员工行为规范》印发施行。

10月26日～11月6日 新闻出版总署组织“赴美图书发行交流考察团”进行交流考察，我社派蒋明耀同志参加。

11月12～23日 应澳大利亚中华书籍公司的邀请，我社组成张忠晔等5人的考察团,前往澳大利亚洽谈有关事宜。

11月26日~12月6日 2003年中国书刊巡回展览在美国举行,我社派黄伟等3同志随同中国出版对外贸易总公司参加。

12月15日 《人民交通出版社薪酬管理制度》已经第四届职工代表大会第六次会议审议通过,于当日公布并自发布之日起执行。

12月25日 为健全法人治理结构,根据《公司法》和国家有关规定,经社领导研究,决定将我社现有公司董事会的组成做出调整,并予通告。

12月30日 我社康宁同志被交通部社会治安综合治理领导小组评为2003年度部属在京单位社会治安综合治理先进个人。

2004年

1月19日 通过各部室推荐,社考核小组考核评议,并经社领导批准,对曲乐等21名在2003年度考核为优秀的同志进行了通报表彰。

1月20日 交通部对我社《关于报送人民交通出版社原交通宾馆旧楼改造工程初步设计的报告》做出批复。对工程建设的内容、规模、装修设计等要求,基本同意,并要求抓紧施工图设计,严格控制工程造价。

1月30日 新闻出版总署发函:同意人民交通出版社通过年检登记和颁发《图书出版许可证》。登记号为新出图证(京)字2003019号。

2月6日 《人民交通出版社2004年党委工作要点》印发。内容包括五大项、十四分项。

同日 社发通知:经研究决定聘任李冰天同志为社长办公室主任。

2月20日 新闻出版总署发出《关于开展向邓小平同志家乡四川广安图书馆捐赠图书活动的通知》。我社积极响应,精选了244种图书,每种6册,共1464册,安排3月份寄往广安市图书馆。

2月25日 新闻出版总署复函交通部体改法规司:经研究,同意人民交通出版社增加旅游地图出书范围。

3月12日 交通部办公厅正式行文通知我社:经部研究决定,北京交通宾馆(交通部招待所)成建制划转人民交通出版社。

3月23日 2003年在全体职工的共同努力下,出版社全面完成了各项生产指标和工作任务,涌现出一批先进个人和先进集体,为出版社赢得了荣誉。为此,社对2003年度荣获先进、优秀称号和受到各种奖励的集体和个人进行了情况汇总,特予公布、表彰。

4月 根据市场经营环境的变化,经过市场调研和论证,印务公司为生存发展,调整产业结构,经党委研究后,报社批准,将公司印刷主业及全部印刷设备移出市区,迁往通州区宋庄镇工业开发区。充分发挥原公司地址地段优势,对该地块进行整体出租。初步形成票据、书刊印刷和房地产商业租赁的生产经营格局,实现了企业跨越式经营。

4月15日 社决定4月底迁址交通宾馆一号楼办公,下发搬迁工作通知:成立搬迁工作领导小组;确定搬迁工作具体安排;提出具体要求,并公布了一号楼(交通宾馆)办公用房分配方案和办公用房电话表。

4月20日 经社长办公会研究决定,并发出通知:在现有教材编辑部的基础上组建人民交通出版社教育分社;成立社资产管理处,与结算中心合署办公。同日社发《关于闫东坡等同志职务任免的通知》。

4月22日 《人民交通出版社2004年党风廉政建设及反腐败工作要点》印发。

4月23日 人民交通出版社发布迁址通知:自2004年5月1日起,我社将迁入新址办公。新址:北京市朝阳区安定门外外馆斜街3号(交通宾馆内);邮编100011,网址:http://www.ccpress.com.cn;联系电话(略)。

5月10日 人民交通出版社第四届职工代表大会第七次会议召开,到会正式代表33人,列席代表17人。会议内容:审议《社长工作报告》;审议《财务工作报告》;审议通过《企业年金试行办法》的提案;审议通过《北京中交盛世书刊有限责任公司法人股减持转让》的提案。

5月18日 社发通知:2003年《社长工作报告》和《2003年财务工作报告》已经社第四届第七次代表大会通过,各部门要遵照执行。《关于建议北京中交盛世书刊有限公司法人股减持转让的提案》和《关于实行企业年金试行办法的提案》原则上已经大会通过，待制定实施细则并经职工代表大会通过后实行。

5月31日 《人民交通出版社网站管理办法》印发。内容包括组织管理、网站管理与工作流程、信息管理、保密、奖励和处罚等章条。该办法6月1日起施行。

6月1日 经社领导批准，社属各公司、分社和生产部门2004年生产经营目标责任书下发（不含对外合作部、交实贸易公司和顺通广告公司）。

6月2日 根据国务院办公厅国办发［2002］35号文件、交通部交人劳发［2002］595号文件和《劳动法》的基本原则，交通宾馆制定了员工工资改革方案。

根据经营管理目标和现有人力资源实际情况，宾馆确定机构改革人员定编方案，划分成包括办公室（人力资源部）、财务部、销售部、前厅部、客房部、工程部、总务部、保安部8个部门。

6月16日 新闻出版总署和教育部联合公布第五届"全国优秀教育音像制品奖"评奖结果。参加本届评奖活动的出版单位95家，参评音像制品368种，评出获奖制品166种。我社制作的VCD《汽车维修实用喷涂技术》获二等奖。

6月21日 共青团交通部直属机关委员会表彰2002～2003年度中表现突出的基层团组织、共青团员和团干部。我社青年编辑翁志新被授予交通部直属机关2002～2003年度"优秀团员"称号；王文颖被授予"交通部直属机关2002～2003年度优秀团干部"称号。

6月22日 社发通知：撤销北京交实贸易公司；撤销北京世纪汇通文化发展有限责任公司，恢复对外图书合作编辑部；撤销（或转让）北京顺通广告公司。

6月24日 针对我社接连有两种图书出现严重质量问题的情况，社发《关于图书质量问题的通报》。通报对相关责任人给予批评，并分别做出1000～2000元罚款；对相关责任厂家给予自行承担经济损失，终止合作数月的惩罚。

7月2日 新闻出版总署复函我社：经考察、审核，同意人民交通出版社增加电子出版物业务，设立"人民交通音像电子出版社"，并将人民交通出版社的音像制品出版业务合并到该社。

7月19日 社对职称改革领导小组进行了调整，调整后的职称改革领导小组杜颖为组长，黄伟、韩敏、蒋明耀、郭思涛、张向东、张斌等6同志为委员。

7 月 21 日 2004 年香港书展举办，新闻出版总署组团前往，我社派郑文荣等 4 同志参加。

7 月 30 日 《人民交通出版社资产管理办法》下发。内含流动资产管理、固定资产管理、无形资产管理、其他物资的采购及验收等章节。

9 月 1 日 社发通知，决定聘任黄伟同志为人民交通音像电子出版社社长、总编辑。

10 月 25 日 根据改革过程中发生的实际情况，社对 2000 年制定的《人民交通出版社职工内部退休（试行）办法》做了若干补充规定。

11 月 3 日 交通部办公厅来函：部决定在交通宾馆大院内新建两层地下车库，共计建筑面积 7075m^2，设计泊位 202 个，车库上部仍还原为绿地。

11 月 6～18 日 新闻出版总署组织全国新闻出版编辑和版权业务人员，赴英国进行业务考察交流，我社派蒋明耀同志参加。

11 月 22 日 根据人事部《关于批准 2002 年度享受政府特殊津贴人员及做好有关工作的通知》精神，交通部 2002 年度享受政府特殊津贴人员经国务院批准，予以公布，我社韩敏同志获此殊荣。

12 月 5～14 日 应对方邀请，我社组成由郝爱国为领队的 5 人考察团，赴台湾城邦公司进行业务访问。

12 月 31 日 接交通部和交通部党组分别通知：决定杨文银同志任人民交通出版社社长（试用期一年）；韩敏同志任人民交通出版社总编辑（试用期一年）；增补杨文银、韩敏为人民交通出版社党委委员；免去张忠晔同志人民交通出版社社长、党委委员职务。

2005 年

1 月 3 日 社工会发出通知：根据《职代会条例》和《中国工会章程》的有关规定，我社第四届职工代表大会任期已满，决定 2005 年 2 月进行换届改选。同时对选举要求、职工代表条件、代表人数和比例等内容做了相应说明。

1 月 24 日 交通部社会治安治理领导小组通报表彰了 2004 年度交通部在京直属单位的先进综治单位和个人。我社保卫干部康宁等 10 名同志被评为先进个人,以资鼓励。

1月31日 社下发了“交通宾馆职工反映问题的答复意见”。

2月5日 徐祖远副部长代表部党组慰问我社离休老红军刘毅同志,参加慰问的还有部办公厅副主任李刚、老干部局副局长孟维钊,出版社党委书记唐学军、社长杨文银等同志随同参加。此前2月3日,唐学军书记代表出版社也对刘毅同志进行了慰问看望。

2月6日 张春贤部长、黄先耀副部长及部办公厅、体法司领导来我社视察,并与社领导班子和中层干部亲切座谈。指出“出版社要服务交通、服务社会;要抓住方向,发挥优势,突出行业特色,提高图书质量;要根据社会需要突出图书的实用性;交通人的素质在提高,图书的品质也要提高”。

2月7日 《人民交通出版社工作规则》经社党委审议通过印发全社执行。

同日 社研究决定:免去韩敏同志公路图书编辑部主任职务(已任出版社总编辑一职);沈鸿雁同志主持公路图书编辑部工作。

2月21日 印务公司为加强管理,规范生产经营,使各分公司(中心)稳步健康的发展,在反复征求各分公司(中心)各科室意见的基础上,制定了《北京交通印务实业公司分公司(中心)暂行管理办法》。以提高公司总体经济效益和职工收入,保证国有资产保值增值为目标。

2月27日 由中国工程院出版委员会与人民交通出版社发起成立的中国土木建筑与交通科技出版专家委员会成立大会暨第一次会议在中国工程院召开。杨文银社长、韩敏总编辑参会。

3月1日 2004年全员考核,经部门推荐,社考核小组评议,投票产生建议评优人选等程序,当日由社长办公会研究决定,对赵蓬等21位2004年度考核优秀人员进行通报表彰。

3月4日 《安全驾驶从这里开始》正式发行。

3月7日 交通部直属机关妇委会发文,决定表彰所属单位2003~2004年度“巾帼建功”先进集体、先进个人、优秀女工干部和妇女之友。被评出的5个先进集体中有人民交通出版社印务部;12名妇女之友中有我社唐学军书记。

3月9日　人民交通出版社第五届职工代表大会第一次会议召开，审议通过了《社长工作报告》和《2004年度财务决算及2005年度预算报告》。

3月17日　社人事处印发了《人民交通出版社议事协调机构和临时机构调整通知》，调整组建成一些非常设机构。

3月21日　杨文银社长主持会议，专题研究了《安全驾驶从这里开始》一书可能被多省盗印、征订的问题。与会人员一致认为我社必须采取综合应对措施，坚决打击盗印和使用盗印书行为。会议研究决定了多项具体办法。

4月5日　向交通部办公厅上报了《关于我社2005年定点扶贫计划安排的报告》。

4月6日　我社向全国扫黄打非工作小组办公室举报了《安全驾驶从这里开始》遭大量盗版的事宜，同时将该书的相关资料，我社初步掌握的盗版情况具体线索一并报上。

4月7～10日　在河南郑州召开2005年本社图书营销工作会议，全国50多家书店的代表参加，杨文银社长、黄伟副社长参会并做了讲话。

4月14日　印务公司根据公司生产经营机制改革以及研究制定"十一五"发展规划的重要决定，成立了公司生产经营普查小组，对全公司的生产经营情况进行一次摸底调查，以增加改革的针对性和规划的科学性，目的是解决过去的遗留问题，制定解决困难的方法，规范生产经营，制定相关的规章制度。

4月25日　在交通部、共青团中央联名认定的"2004年度全国青年文明号"名单中，"人民交通出版社汽车图书编辑部"被继续认定。

4月26日　关于北京交通印务实业公司转增资本的申请，根据《中华人民共和国企业法人登记管理条例施行细则》第39条的相关规定及适应公司未来扩展的需要，特申请将资本公积的部分款项转入实收资本账户，转入金额1481.9万元，实收资本账户由原来的1018.1万元增至2500万元。

5月12日　社党委正式印发《人民交通出版社2005年党风廉政建设工作要点》，明确了具体工作与要求、领导分工、主办部门以及完成时间。

5月17日　社长办公会审议通过了《人民交通出版社人才引进工作暂行办

法》。这一办法的出台将有助于规范我社人才引进工作的程序，明确了进社人员的硬性条件，为确保全社员工的基本素质和工作能力提供了依据。

同日 共青团交通部直属机关委员会决定表彰 **2003～2004** 年度优秀共青团员个人和集体，授予 32 名同志“交通部直属机关优秀共青团员”称号，我社林宇峰同志榜上有名。

5 月 26 日 杨文银社长给全社员工做《战略管理与我社战略规划》专题讲座。讲座从认识战略管理入手，全面介绍了企业战略管理的理念和相关知识，以及企业战略制订、战略实施、战略评估阶段的具体方法步骤，提出了我社制订“十一五”规划的基本工作思路。

5 月 29 日 应台湾城邦文化出版（集团）股份有限公司邀请，由郝爱国副社长带队一行五人，于当日赴台进行业务考察和交流。

5 月 31 日 我社举办党支部书记学习班暨思想政治工作座谈会，学习了中央领导、交通部领导的有关讲话，观看了中央党校教授《系统科学与战略思维》报告的录像。唐学军书记分析了我社思想政治工作现状及职工思想动态，对各支部、各部门提出了具体要求，强调要“着眼未来求发展，团结一致向前看”。纪委书记杜颖同志就如何做好思想工作谈了体会。

5 月 新版《社讯》第一期同大家见面，致创刊词。编委会主任唐学军，副主任杨文银、杜颖，另有编委及通讯员若干人。

6 月 21 日 经各支部评选推荐、社党委讨论，并进行公示，决定通报表彰姜占峰等 21 名优秀党员、唐学军等 4 名优秀党务工作者、3 个先进党支部。

6 月 22 日 社召开了“十一五”战略规划领导小组第一次会议，社领导、各部门主要负责人参加了会议。会议审议并原则通过了《人民交通出版社“十一五”战略规划工作方案》及《人民交通出版社“十一五”战略规划研究总报告提纲》。

6 月 25～26 日 《公路桥涵设计手册》第一次编写工作会议在北京召开。会议由交通部总工程师、该《手册》编委会主任凤懋润主持，编委会副主任郑皆连院士、杨高中设计大师等参会。我社杨文银社长、韩敏总编辑以及相关编辑室人员参加了会议。

6月29日 杨文银社长主持社长办公会,会议确定:我社自主搭建具有自有域名的邮件系统(@ccpress.com.cn),对系统的配套软、硬件产品,上线试验时间,资金渠道等均作了明确认定。

6月30日 接到交通部直属机关党委《关于表彰部直属机关2004~2005年度先进基层党组织、优秀共产党员和优秀党务工作者的通报》,15个先进基层党组织中有我社汽车党支部;43名优秀共产党员名单中有我社孙玺等3位同志;12名优秀党务工作者中有我社张德明同志。

8月1日 社党委印发《关于进一步开展学习贯彻惩治和预防腐败〈实施纲要〉活动的通知》。

同日 人民交通出版社邮件系统正式启用,部门和个人邮箱名称已经确定亦可投入使用,同时公布了6个公共信息收集信箱:1.社长信箱;2.总编辑信箱;3.社对外信箱;4.管理员信箱;5.纪检监察信箱;6.社讯投稿信箱。

8月5日 社召开了中层以上干部会议。由郝爱国副社长传达了交通部《关于对人民交通出版社原社长张忠晔同志离任经济责任审计中发现的有关财务收支问题的审计决定》;唐学军书记就加强党风廉政建设向中层以上干部提出了要求;杨文银社长做了《上半年工作回顾及下半年工作部署》的报告。

同日 北京交通印务实业公司贯彻ISO 9001标准工作计划,建立公司质量管理体系,建立健全各项规章制度,加强质量责任考核,分别为:1.培训准备阶段①标准定量,②质量体系策划,③文件编写;2.试运阶段①文件印发阶段,②文件培训阶段,③现场整理阶段;3.正式运行阶段,内审员培训;4.认证阶段。

8月15日 7月中旬和8月11日两次社长办公会议研究后决定:认真落实交通部审计决定,对社属各公司进行清理整顿。当日正式发文通知。

8月19日 为了切实贯彻建设节约型社会的精神,提高工作效率,更好地利用社邮件系统为生产经营服务,出版社印发了《关于利用社邮件系统发送我社各类文件资料的有关规定(试行)》。

9月1~5日 我社参加了第十二届北京国际图书博览会。其间,唐学军书记、杨文银社长、杜颖副社长、韩敏总编辑等社领导先后参观了本届博览会;我社的图书编辑、美术编辑及有关部门人员亦都充分利用这个国际性的交流平台，学习新鲜出版理念、把握主流出版脉动、增加版权贸易意识。

9月6日 按照新出图(2005)624号文《关于制定"十一五"期间国家重点图书出版规划的通知》的要求，社经严格审议、认真筛选，选择了11个项目申请列入"十一五"国家重点图书出版规划，报交通部体法司审核后转报新闻出版总署图书司。

9月7日 《人民交通出版社优秀编辑评选办法(试行)》正式印发，2005年9月10日起试行。该办法对评选范围、评选条件、评选办法、奖励标准等均做了明确规定。

9月19日 黄伟副社长与社办李冰天主任前往洛阳市栾川县进行扶贫调研。考察了我社和天津海事局共同投资兴建的栾川县冷水镇东增河小学建设工地；与交通部驻洛扶贫组，当地县、镇领导等同志会面。

9月21日 社总编办印发了《人民交通出版社版权事务管理办法》。该办法对我社图书版权事宜的管理机构、工作要求、责任认定、鼓励维权措施等做了相关规定。

9月26日 韩敏总编辑代表人民交通出版社，向山东交通职业学院捐赠码洋为50万元的图书15000册，山东交通职业学院孙云早院长表示感谢，宣布学院已决定设立"人民交通出版社奖学金"，以鼓励品学兼优的同学更加刻苦，早日成才。双方表示今后将进一步加强合作，共同为交通职业教育贡献力量。

10月10日 印务公司获得ISO 9001:2000《质量管理体系规范》认证。

质量方针：质量为本，追求顾客满意；创新发展，坚持持续改进。

质量目标：顾客满意度达到90%，以后每年增加1%；处理顾客投诉率100%；出厂产品批合格率100%；完成订单按时交货率99%。

10月13～15日 我社在外语教学研究出版社国际会议中心召开"十一五"发展与改革研讨会，全体中层以上干部、规划工作小组和改革研究小组成员参加了会议。会议以党的十六届五中全会精神为指导，就前一阶段准备的九个专题报告进行了深入研讨，初步确定了我社"十一五"发展目标和相关配套措施的框架；外语教学研究出版社社长李朋义在会上介绍了该社的改革发展经验。

10月19~23日 第57届法兰克福书展在德国法兰克福市举行，国家新闻出版总署组团参展，我社派刘继辉等3人携部分图书参展。

11月4~6日 召开“十一五”选题规划审定会，社领导、各编辑部主任参加，韩敏总编辑主持。与会人员对5年的选题规划进行了全面、详尽的审议，提出了完善建议，为制订我社“十一五”选题规划打下了良好的基础。

11月9~21日 中国出版对外贸易总公司在澳大利亚悉尼举办“2005年中国出版物展览”，我社派李萍等3位代表参加。

11月11日 召开人民交通出版社“十一五”信息化建设规划专家咨询论证会。会议专门邀请了新闻出版总署科技处、人民教育出版社、电子工业出版社、外语教学研究出版社以及和佳软件公司等单位的5位专家，就我社“十一五”信息化建设规划的内容和可行性等问题进行了咨询论证。会议由社信息化协调小组组长黄伟副社长主持，杨文银社长和信息化协调小组成员参加了会议。

11月16日 按照新闻出版总署的要求，我社对11种“十一五”国家重点图书出版规划的执行情况进行总结，并填写了《“十五”规划执行情况检查表》，上报交通部体法司审核后转送新闻出版总署图书司。

11月24日 中国共产党交通部直属机关第十三次代表大会召开。在这次大会上，我社唐学军书记当选为部直属机关第十三届纪律检查委员会委员。

12月6日 中国共产党人民交通出版社第四次代表大会召开。大会听取并审议通过了唐学军同志做的党委工作报告和杜颖同志做的纪委工作报告；选举产生了新一届党的委员会和纪律检查委员会。交通部直属机关党委常务副书记贺建华同志亲临大会指导。在随后分别举行的新一届党委、纪委全体会议上，选举唐学军同志为党委书记、杜颖同志为纪委书记。

12月7日 社印发《关于对2005年度工作进行总结的通知》，要求各部门于2006年1月10日前，将本部门2005年度主要工作进行书面总结，并做了具体规定。

同日 社信息化协调小组召开小组全体成员会议，重点研究了新系统第二轮上线测试的计划安排，并讨论了“十一五”信息化建设规划方案。

12月10日 印务公司获得北京市地方税务局税票及普通印刷品定点供应商资质。

12月12日 《人民交通出版社财务管理制度》经社长办公会议审议通过，当日正式印发。本制度从2006年1月1日起施行。

12月14日 我国部分地区自然灾害严重，中央要求各级政府加大救助力度。我社员工积极响应，首批捐赠过冬衣物200余件(套)，发送部机关集中。之后数日继续捐赠，为灾区人民奉献爱心。

12月16日 交通部直属机关党委发文批复，同意我社第四次党代会的选举结果：王建中、杜颖、杨文银、郝爱国、唐学军、黄伟、韩敏七位同志组成中共人民交通出版社委员会，唐学军同志任书记，杜颖同志任中共人民交通出版社纪律检查委员会书记。

12月20日 社党委印发了《贯彻落实〈建立健全教育、制度、监督并重的惩治和预防腐败体系实施纲要〉的具体办法》。

12月26日 新国标GB/T 7714—2005《文后参考文献著录规则》的主要修订者之一、《编辑学报》陈浩元主编来我社对新国标进行了宣讲。

12月31日 社总编办印发了《人民交通出版社排版、印刷、装订费用结算办法和工价标准》，明确了排版、印刷、装订的工价标准、结算办法以及操作流程。

2006年

1月9日 社组织召开“2006年新书推介会”，邀请全国多地的新华书店、交通发行网点代表200余人参加。汽车、公路、地图、计算机等编辑部的同志分别向代表们介绍了本部门2006年即将出版的新书。

1月20日 2005年度的全员考核工作，经过部门推荐、社考核小组评议、投票产生优秀人员建议名单，经社长办公会议研究决定，当日发文对王霞等21名优秀人员进行了表彰。

1月24日 2005年我社在全面完成各项生产任务和工作任务的同时，涌现出了一批先进个人和先进单位，并获得社内外奖励和荣誉称号，出版社特此对2005

年度荣获社内外奖励及荣誉称号的集体和个人，集中作了通报表彰，获奖情况分为图书类、销售类、先进单位、先进个人四大类。

2月9日 交通部黄先耀副部长召集我社和中国交通报社现任领导班子成员进行了集体谈心，对两社的改革、发展做了重要指示。部有关司局领导参加。

2月28日 《人民交通出版社机构设置方案》、《人民交通出版社定岗、定编、定责方案》经党委会讨论通过，当日印发。这两个方案是2006年新一轮机构调整和上岗工作的主要依据，其中“三定”方案也是未来三年员工招聘和岗位配置的依据。根据此方案，全社设立6个职能管理部门、10个生产经营部门、5个支持服务部门，总编制为247人。

3月2~3日 召开了我社第五届职工代表大会第二次会议。会议听取了杨文银社长做的工作报告，审议并通过了我社《“十一五”战略规划纲要》、《薪酬管理制度》、《职工代表大会提案办法》。

3月6日 交通部人事劳动司发文通知：杨文银、韩敏同志试用期满，考核合格。经部研究，决定杨文银、韩敏同志按期转正。

3月14日 《人民交通出版社薪酬管理制度》经第五届职工代表大会第二次会议审议通过，当日正式印发执行。

3月20日 《人民交通出版社中层干部选拔聘用办法》经社党委会讨论通过，印发执行。该办法对选聘社中层干部的基本原则、任职基本条件、选聘程序、竞争上岗、免职解聘、纪律和监督等方面做了详细规定。

同日 《2006年社中层干部竞聘上岗实施方案》经社党委会讨论通过，印发执行。该方案确定中层干部竞聘岗位职数35个，其中正职20个，副职15个；同时对竞聘程序、组织领导、时间安排等问题，均做了进一步说明。

同日 《2006年职工双向选择实施方案》经社党委会讨论通过，印发执行。该方案公布了187个双向选择岗位数，明确了公开、平等、竞争、择优的原则；承诺对1997年底社在册职工，原则上实行转岗不下岗的政策；方案对运作程序，时间安排等问题，也做了详细说明。

3月21日 2006年竞聘上岗、双向选择动员大会召开。唐学军书记做动员讲话，杨文银社长做《2006年中层干部竞聘上岗实施方案》和《2006年职工双向选择实施方案》的说明。

3月23日 经社党委会研究，批准汤郁辞去交通宾馆副总经理职务的辞职请求。

3月24日 新疆维吾尔自治区交通厅下发文件，决定"成立《中华人民共和国机动车驾驶员》培训教材翻译委员会"。文件强调：为保证自治区交通行业机动车驾驶员培训工作与全国同步进行，解决自治区少数民族驾驶员培训教材问题，提高培训工作质量，经交通部同意，由我厅负责翻译、审校这套教材，由人民交通出版社负责出版发行。

同日 经社党委会研究决定，郝爱国副社长兼任交通宾馆总经理；聘任郑建同志为宾馆常务副总经理，主持日常工作。免去张放同志宾馆总经理职务。

3月27日 根据《人民交通出版社优秀编辑评选办法(试行)》，社组织了首届优秀编辑评选活动。经评委会认真评选，社长办公会批准，卢仲贤、闫东坡、陈志敏三人荣获"社首届优秀编辑"称号。

3月28~29日 召开中层干部竞聘演讲、民主测评大会。全社职工聆听了54位竞聘者71人次的演讲，随即进行了测评打分。

4月4日 《人民交通出版社"十一五"战略规划纲要》经社五届二次职代会审议通过，当日印发。本《纲要》以科学发展观为指导，勾勒了今后五年我社发展的基本框架，阐述我社战略意图和经营定位，明确发展的方向、目标、战略与举措。《纲要》是"十一五"期间指导我社全面协调可持续发展的战略性、宏观性规划，是统一全社思想、激励斗志、协同步调的行动纲领。同时配套印发的有《人民交通出版社"十一五"战略规划研究报告》和《人民交通出版社"十一五"战略规划专题研究报告》。

4月10日 根据交通部交监察发[2006]106号文件要求，社研究制定了《开展治理商业贿赂专项活动实施意见》，当日印发，并成立了以杨文银为组长的治理商业贿赂领导小组及办公室。该《意见》对开展此项活动的目标、工作重点都做了具体说明，同时强调各部门领导要亲自抓，搞好自查自纠，建立防治商业贿赂的长效机制。

4 月 12 日 中共人民交通出版社委员会以社党发(2006)6 号、7 号发文:《关于聘任社中层干部的通知》、《关于王建中、徐桂英同志职务任免的通知》。至此,新一届中层领导干部正式产生,他们的聘(任)期从 2006 年 4 月起至 2009 年 3 月止。

4 月 14 日 根据《2006 年职工双向选择实施方案》规定的程序,各部门双向选择工作已经完成,双选结果经社长办公会议批准,当日正式公布,上岗人员名单同时公示。

5 月 9 ~ 11 日 由土木工程学会与结构工程分会主办的"第十七届全国桥梁会议"在重庆召开。为扩大我社图书影响,营销部门特向大会提供了相关书目,举办了专项书展。

5 月 10 日 社中层干部聘任工作完成以后,职工的双向选择也已基本完成,为了加强改善我社整体管理水平,保证跨部门工作协调有序,根据全社组织机构调整和人员变动情况,经社领导决定:《议事协调机构和临时机构及其成员名单》当日正式确定并通知全社。

5 月 15 日 社党委印发通知:决定 5 月中旬至 6 月中旬在全社开展廉政教育月活动。通过组织主题学习、培训新一届党支部书记、收听廉政讲座、完善修订制度等活动内容,达到教育全体员工的目的,重点是党员和领导干部,以及掌管人、财、物的重点岗位人员,加强道德修养、树立正确的人生观、价值观、世界观。

同日 《人民交通出版社经营与服务部门绩效考核办法(试行)》经社长办公会审议通过并印发,从本年 1 月 1 日起施行。本办法从总体原则、考核模式、考核管理等几个方面做了规定,并对不同类别、不同经营形式的部门,分别制订了有区别的绩效核算公式。

5 月 23 日 《2006 年新书发稿(出版)计划》印发。社要求各编辑部、印务部要抓紧实施,协同配合,并注意均衡发稿,合理安排生产;生产部负责监督调控进度。

6 月 2 日 召开了 2006 年度第一次营销工作会,社领导、有关部门负责人、发行部门经理以上人员参会。会上,黄伟副社长做了《齐心协力,确保今年销售任务圆满完成,开拓创新,提升我社营销工作管理水平》的发言;韩敏总编辑对全社的编辑工作提出了具体要求;杨文银社长针对形势严峻的现状发出了组织"生产、销售会战月"的号召,并责成相关部门拟定方案,抓紧组织实施。

6月6日 举办了支部书记培训班,新一届党支部书记、副书记及支部委员参加。培训班上,党委书记唐学军和纪委书记杜颖与大家进行了集体谈心,纪检监察室主任王建中向大家介绍了领导干部廉洁从政的有关规定。

6月12日 交通部办公厅向我社和中国交通报社转发了《关于深化新闻出版事业单位人事制度改革的实施意见》。该意见由中组部、中宣部、人事部、新闻出版总署联合制定,奠定了新闻出版单位人事制度改革的方向。

6月13日 社召开"生产销售会战月动员大会",号召员工弘扬刚毅精神,奋力拼搏60天,打好生产销售大会战,唐学军书记进行了思想动员,黄伟副社长对会战月做了具体部署。

6月23日 交通部直属机关团委举办了"明辨荣辱,紧跟党走"诗文朗诵比赛。我社参赛选手韩亚楠,以"刚毅精神,照我前行"为题,获得优秀奖。

6月25日 交通部基建质量监督总站在武汉中交二航局举行《守护平安——交通建设工程安全生产要点集》赠书仪式。该书由我社公路中心精心策划出版,是交通行业第一本为施工现场人员"量身定做"的注重安全与自我保护的书籍。韩敏总编辑代表我社参加了赠书仪式。

同日 由汽车图书出版中心组织的《道路运输驾驶员从业资格培训教材》审稿暨驾培教材专销工作会议在新疆乌鲁木齐召开。黄伟副社长及应邀来自全国各省市交通运管部门的30多位领导、专家参加了会议。

6月 首部由交通部组织编写、我社正式出版,大开本、大比例尺,精确反映中国公路网现状的《中国公路地图》与读者见面。

同月 根据我社《资产管理办法》进行的2006年度计算机设备采购工作,通过招投标方式本月底圆满结束,采购金额比之前的询价总额降低了7万余元。

7月4日 中国监察学会交通分会成立大会暨理论研讨会在京举行。我社纪委书记杜颖同志参加了会议。

7 月 12 日 社党委中心组以胡锦涛总书记《在庆祝中国共产党成立 85 周年大会上的重要讲话》为中心内容，进行了集体学习，参加人员扩大到全体中层以上干部和党支部书记、副书记。唐学军书记对《重要讲话》进行了宣讲，要求大家全面理解、深刻领会总书记重要讲话的基本观点和精神实质。社长杨文银做了发言。

7 月 21 日 黄伟副社长参加了“2006 年出版社信息建设社长论坛”会议，并应约在《科技与出版》、《出版商务周刊》上发表了我社信息化建设的专题文章。

7 月 27 日 为规范我社新的营销体系下各销售部门及各类图书的批发折扣，印发了《2006 年人民交通出版社图书批发折扣的若干规定》，分别对北京中交盛世书刊有限公司、北京金飞图书发行中心、世纪汇通文化发展有限公司制订了具体的折扣标准。

7 月 28 日 《编辑部门内部考核与薪酬分配指导意见（试行）》经社长办公会审议通过并印发。该《意见》要求各编辑部根据自身情况，参照本意见制订部门内部绩效考核与薪酬考核办法。

8 月 4 日 《图书出版质量管理办法》经社长办公会议审议通过并印发。本管理办法从质量方针、质量目标、质量管理组织体系、质量控制制度、质量标准、质量检查、质量监督与奖惩、质量评估与改进等 8 个方面，构建了我社图书质量管理体系。

8 月 7 日 全社员工积极响应交通部直属机关党委“关于开展向南方灾区捐助活动”的号召，踊跃捐款 7556 元以及部分衣物。

8 月 10 日 我社召开第十二次团员大会。部直属机关团委书记陈朝、社党委书记唐学军等领导应邀出席。会议通过了第十一届团委会工作报告，并选举产生了第十二届团委会。

8 月 16 日 召开“年中及会战月工作总结会”，检查、总结我社上半年生产经营、社重点工作和部门主要工作及生产销售会战月任务完成情况，安排部署下半年工作，社领导、各部门负责人参加了会议。杨文银社长主持会议，部门负责人汇报了本部门生产经营、存在的问题等情况，其他社领导分别做了发言。会议布置了下半年工作。

8月18日 《人民交通出版社财务管理制度实施细则(一)借款、支出、费用报销审批程序及相关说明》印发。本细则从操作层面对《人民交通出版社财务管理制度》有关财务支出内控做了进一步细化和说明,使其更便于实际操作。

8月22日 为了鼓励员工积极参与和投身我社的改革、发展及各项工作,促进我社生产经营和管理水平的提高,《人民交通出版社合理化建议暂行办法》印发。该办法从合理化建议的内容、递交渠道、处理程序,以及对建议的奖励表彰等方面,均做了具体规定。

8月28日 经社党委会研究,并经部直属机关团委同意,批准我社选举团委书记顾熻鲁、副书记赵钒宇以及其他委员的第十二届团委会的选举结果。特发文通知。

8月29日 《人民交通出版社加强党员队伍先进性建设责任制度(修订)》和《人民交通出版社保持党员先进性评价制度(修订)》当日印发。本次修订,一是"责任制度"由保持党员先进性工作扩展到加强党员队伍先进性建设,拓宽了责任范围;二是强调要加强党员经常性教育工作,抓好保持党员先进性长效机制的落实;三是"评价制度"对党员特别是党员领导队伍,在联系群众和服务群众方面,提出了更高的要求。

9月6日 出版社2006年党员领导干部生活会召开,社领导班子全体成员出席,交通部黄先耀副部长、部直属机关党委贺建华常务副书记、人劳司陈瑞生副司长、体法司柯林春副司长列席了会议。

9月7日 召开全社财务工作会议,社领导、各图书中心主任、社属公司负责人以及全社财务人员参加了会议。会议以科学发展观为指导,学习和交流财会知识,研究改进公司财会工作,加强全社财务管理,并对保障、促进出版社各项工作健康持续发展做了进一步探讨。

9月11日 唐学军书记等一行人,赴洛阳进行扶贫调研。计划考察由我社捐资筹建的希望小学,再捐赠价值6000元的课桌椅、体育用品等;慰问扶贫干部李冰天同志。

9 月 14～24 日 2006 年印度德里国际书展举办，新闻出版总署组团前往，我社派韩敏总编辑和李斌主任参加。

9 月 18 日 印务公司召开公司成立五十周年的庆典大会，交通部副部长黄先耀发来贺信，指出印务公司五十年来，在人民交通出版社的领导下，认真贯彻党的出版工作方针，立足交通，服务交通，为交通出版事业做出了重要贡献。杨文银社长在大会中指出，印务公司几十年来，通过几代人的付出和汗水，为交通出版事业做出了不可磨灭的贡献，特别是近年来能积极探索改革发展的新路子，全力调整生产结构，改革体制机制，使公司的经济实力和市场竞争力得到加强。

9 月 19 日 "人民交通出版社工会第四次会员代表大会"在交通部老干部活动中心召开，37 名正式代表和 8 名列席代表参加了会议。杨文银社长致贺辞；会议听取、审议、通过了郭荣代表第三届工会委员会所作的工作报告和卢绪妹代表第三届经费审查委员会所作的财务工作报告。会议选举产生了社第四届工会委员会和经费审查委员会。唐学军书记做了总结讲话。

9 月 25 日 交通部直属机关工会发文批复：同意人民交通出版社工会第四次会员代表大会选举结果，郭荣同志为工会主席、蒋明耀同志为工会副主席；同意经费审查委员会由文中等三位同志组成，文中同志为经费审查委员会主任。

9 月 26 日～10 月 8 日 第 58 届法兰克福国际图书博览会在德国法兰克福展览中心举行，我社派张斌等 4 位同志参加。

10 月 8 日 为纪念中国共产党成立 85 周年、红军长征胜利 70 周年和新中国成立 57 周年，交通部直属机关党委组织开展了职工书画摄影比赛。经专家评选，我社美术编辑孙立宁同志的作品获书画类二等奖。

10 月 16 日 社长办公会审议通过了我社《高级专业技术岗位特贴暂行办法》。计有 14 人可享此特贴，从当年 10 月 1 日起施行。

10 月 16～27 日 新闻出版总署组织中国出版代表团前往澳大利亚、新西兰等地，承办 2006 年中文书刊巡回展览，我社派唐学军、张征宇、张放等同志参加。

10 月 17 日 《中层干部年度考核暂行办法》和《职能管理部门年度考核暂行办法》经社长办公会议审议通过，当日印发。两个办法分别制定了考核原则、考核内容、考核组织、考核程序、考核结果等详细条款，并设计了不同类型的测评表，以方便群众对被测评对象的评估打分。考核结果将是正确评价测评对象工作能力或工作实绩，以及年终分配的重要依据。

10月18日　为了规范财务会计工作，加强会计监督，维护国家、出版社、公司和债权人的合法权益，根据财政部、交通部颁发的相关规定和我社《财务管理制度》，有关部门组织起草制订的《人民交通出版社公司财务管理办法》经社长办公会审议通过，当日印发，自11月1日起施行。

10月29日～11月18日　新闻出版总署举办"出版管理培训班"，在图书出版、图书营销、出版业竞争分析、电子出版等方面进行交流讨论，并组织考察一些著名出版社，了解国外出版社的组织结构和经营管理模式等。我社杜颖副社长参加。

11月8日　交通部党组成员、驻部纪检组长杨利民同志到我社听取党建工作汇报。唐学军书记与杨文银社长分别做了汇报。

11月10日　修订后的《人民交通出版社员工行为规范》正式印发实行，为规范全体员工的言行，营造和谐向上的企业文化提供了条法依据，也会更益于塑造我社良好的文化单位形象，切实推进"两个文明"建设，实现又好又快发展。

11月23日　随着科技的发展，网络出版物日益风行，我社多个生产经营部门也在涉猎与图书配套的网络出版物或独立网络出版物，为规范及有效管理这一生产方式，社印发了《人民交通出版社网络出版物暂行管理办法》。

11月24日　社举办了工会干部培训班，第四届工会委员会委员和工会小组长共计22人参加了此次培训。唐学军书记就工会干部、工会组织、工会工作等问题做了讲话；郭荣主席结合出版社实际，讲解了《中华人民共和国工会法》和《中国工会章程》；蒋明耀副主席讲解了《企业工会工作条例》；到会人员围绕我社中心工作，讨论了在新形势下如何开展好工会活动的问题。

11月28日　按照交通部直属机关党委部署，召开了社基层党组织负责人会议，由唐学军书记传达了《关于推选我部党的十七大代表候选人预备人选和中央国家机关党代表会议代表的通知》精神，宣讲了做好党的十七大代表选举工作的重大意义，布置了推选的具体工作，并提出了具体要求。

11 月 30 日 为规范我社图书用纸采购程序、使用过程，营造公开透明的纸张采购、使用环境，达到保障供应、节约成本的目的，根据社《“十一五”战略规划纲要》的要求，出版社正式印发了《图书纸张采购、使用管理办法》，自 2006 年 12 月 1 日起实施；同日印发的还有《图书印装管理办法》，从印装厂的使用管理，到日常印装业务管理、印装质量管理、工价结算等，都做了详细规定。

12 月 1 日 北京交通印务实业公司实施生产部门负责人竞聘上岗(试行)办法。根据国家关于企事业实行人员聘用制度的规定，参照《党政领导干部选拔任用工作条例》实施本方法，按照党管干部，任人唯贤，德才兼备，干部“四化”的原则，群众公认，注重实效，公开、平等、竞争、争优的原则，民主集中的原则，实行选拔，聘期一年。

12 月 5 日 《人民交通出版社“十一五”教育培训规划》和《人民交通出版社职工教育培训管理办法》经社长办公会研究通过，当日印发，自 2007 年 1 月 1 日起实行。该《规划》对我社“十一五”期间开展职工教育培训的指导思想、总体目标、主要任务、具体措施等问题都做了认真考量；《管理办法》则对教育培训的组织、不同类型的教育方式、培训费用与服务年限、培训经费管理等问题做了明确规定。

12 月 6 日 新疆维吾尔自治区安全生产委员会在乌鲁木齐市隆重举行了我社出版的《安全驾驶从这里开始》(维、汉文版)的首发仪式，自治区有关厅局领导和新闻记者 150 余人参加，我社党委书记唐学军专程出席并做讲话。

12 月 22 日 交通部专题办公会议纪要[2006]29 号《关于部分交通行业标准规范出版发行专题会议纪要》印发。《纪要》重申：部的交通行业标准、规范(包括各类技术标准、规范、规程、规则、标准图、定额、编制办法等)，在没有特殊情况下，都由人民交通出版社出版发行。

12 月 23 日 中央国家机关长安街片区第一届游泳比赛在国家体育总局游泳馆举行。共有 11 个代表队，204 名运动员参加了本次比赛。交通部代表队夺得 10 枚金牌，其中 4 枚金牌由我社 3 名代表夺得：黄伟获男子 50 ~ 55 岁年龄组 50 米蛙泳第一名；郭荣获女子 50 ~ 55 岁年龄组 100 米蛙泳第一名；席少楠获女子 30 ~ 35 岁年龄组 50 米蛙泳和 100 米蛙泳第一名。

12 月 28 日　印务公司开通了公司网站，为了适应生产经营的需要，加快公司的信息化建设，提升企业的整体形象，公司网站经过近四个月的筹划准备，将于 2007 年 1 月 1 日正式开通，网站为 www. jtyw. cn，网站的编辑管理工作由公司办公室负责组织实施。

12 月 31 日　交通部李盛霖部长一行冒雪来出版社慰问干部职工。陪同李部长的有翁孟勇、冯正霖副部长和办公厅李刚副主任。

2007 年

1 月 10 ~ 13 日　2007 年北京图书订货会在国际展览中心举行。我社参加此次订货会，共设 6 个标准展位，展示了 270 余种新书和重点图书。另针对各类图书馆发放了 1000 多份图书馆专供目录。

1 月 11 日　我社对全体中层干部和职能管理部门进行了年度考核。考核按照部门分成四批进行，22 名部门正职负责人顺序上台述职，然后由社领导、部门代表、述职人所在部门员工组成的考核组当场给述职人打分。

1 月 16 日　根据我社《中层干部年度考核暂行办法》和《职能管理部门年度考核暂行办法》，经考核小组考核，社长办公会审议通过，今日公布了 2006 年年度考核结果：5 位中层干部获优秀，其余 28 位全部为称职。

1 月 17 日　交通部新任总工程师周海涛同志来我社，与主要业务部门负责人就公路交通技术动态、选题方向等问题进行了座谈交流。

同日　社研究决定并发文通知：韩敏同志任人民交通音像电子出版社社长（法定代表人）。

1 月 22 日　交通部综合规划司董学博司长率全体司领导及部分处领导来我社调研、征求意见，同我社领导及部分员工进行了广泛的交流。

1 月 23 日　社领导进行了 2006 年年度工作述职，全体中层以上干部和副高级以上职称人员 56 人到会，并对每位社领导开展民主测评。

2 月 9 日　召开了社第五届职工代表大会第三次会议，唐学军书记主持，杨文银社长做题为《扎实工作，稳中求进，努力推进我社又好又快发展》的工作报告。与会代表深入讨论并原则通过了社长工作报告，同时审议通过了财务工作报告。

同日 部党组成员、驻部纪检组杨利民组长看望了我社离休干部、老红军刘毅同志。

2 月 13 日 北京奇志通数据科技有限公司一行 7 人来我社参观考察，拟与我社合作，共同出版有关北京城市地图图书项目。社领导给予热情接待。双方就共同关心的事项交换了意见。

3 月 2 日 交通部做出关于表彰全国交通行业巾帼文明岗、巾帼建功标兵的决定，授予 142 个集体全国交通行业"巾帼文明岗"荣誉称号，人民交通出版社印务部名列其中。

3 月 9 日 交通部科教司李祖平副司长和科技发展处洪晓枫处长来我社调研。他们听取了关于中国交通数字图书馆项目的建议方案，并就其建设的必要性及纳入交通科技信息资源共享平台建设的可行性，下一步应该开展的工作等问题，同杨文银社长、部分部门主任共同进行了探讨。

3 月 14 日 交通部规划司综合处崔学忠处长等人来我社调研，就"中国交通数字图书馆项目实施方案"听取专题汇报。杨文银社长、信息中心的同志做了汇报。

3 月 27 日 我社 2007 年编辑与营销工作会议在交通部老干部活动中心召开，全社编辑、发行业务员、生产服务人员以及各部门负责同志参会。会议由杨文银社长主持，生产部和市场部提供了图书出版和市场销售的相关数据，韩敏总编辑做了《重视研发，加强创新，提高质量，延伸服务，全面完成今年编辑生产任务》的生产动员与任务部署。会议安排了分组讨论。最后，杨文银社长做了总结发言，要求会后全社员工要以"早、好、快"三字原则积极开展各项工作。

同日 交通部直属机关计划生育委员会通报表彰了 2006 年度计划生育工作先进单位和先进个人。先进个人共 8 名，我社郭荣同志榜上有名，人民交通出版社名列 13 个计划生育工作达标单位之中。

3 月 29 ~ 31 日 全国交通职业教育教学指导委员会 2007 年工作会议在沈阳召开，与会代表主要为教学指导委员会委员以及交通职业院校主管教学的领导。教育部高职高专处的领导、交通部科教司的领导列会并发言，我社韩敏总编辑参加了这次年会。

4月10日 交通部与共青团中央联合发文,决定表彰2006年度全国交通行业青年岗位能手和全国青年文明号。我社汽车图书编辑部被授予"2006年度全国青年文明号"。

4月11日 印务公司获得交通运输专业人员资格评价中心认证的道路运输从业人员从业资格印刷供应商资质。

4月24日 交通部体法司司长何建中一行三人到我社调研,并与部分社领导进行了座谈。何司长肯定了我社在出版工作中取得的成绩,认为我社面向交通行业,特色鲜明;同时也面向市场,在竞争中发展壮大,走出了一条交通事业单位企业化管理的路子;希望出版社能够继续发挥独特作用,服务好交通事业的发展。何司长同时表示,今后体法司将尽力协调相关部门为出版社发展创造条件,解决困难。

4月 新闻出版总署组织中国出版代表团前往匈牙利参加第14届布达佩斯国际书展,我社派郝爱国、张放两同志参加。

同月 我社《现代桥梁抗风理论与实践》、《特大跨径石拱桥研究与实践》、《新型空间结构分析、设计与施工》、《多碎石沥青混凝土SAC系列的设计与施工》四种图书入选新闻出版总署"三个一百"原创图书工程。

同月 交通部直属机关工会通报表彰88名部直属机关先进职工。我社曲乐、张友谊等10名职工榜上有名。

5月10日 为进一步做好驾培教材修订工作,我社出版的《中华人民共和国机动车驾驶员培训教学计划大纲》和《安全驾驶从这里开始》系列教材修改座谈会在云南昆明召开。黄伟副社长及汽车图书出版中心的部分同志参加,同时邀请了20余位江苏省各地市运管部门的领导、专家到会。会议征集到许多有益的意见与建议,对提高书稿质量、加强社与地方运管部门的沟通合作起到了积极作用。

5月11~15日 2007年图书发行工作会议在上海海事大学召开,全国48家书店的代表出席会议。杨文银社长到会并讲话,发行部、市场部、生产管理部负责人分别对2007年发行规划、营销政策及2007年新书出版计划做了发言。此外,会议表彰了10家"人民交通出版社2006年度优秀销售网点"及10家"人民交通出版社图书销售先进单位”。

5月18日 社举办了两节党课讲座，分别由副社长、纪委书记杜颖和总编辑韩敏主讲，全社100多名党员到课。杜颖同志从“不断增强活力，保持经济稳定发展；在发展的基础上，更加注重社会公平；塑造自尊自信、理性平和、健康向上的社会心态”三方面论述了构建和谐的基础和要求。韩敏同志对“创新”的含义做了讲解，并结合出版业及我社实际就如何走自主创新之路谈了自己的体会。

5月23日 共青团交通部直属机关第十五次代表大会于当日在北京交通干部管理学院举行。我社党委书记唐学军应邀参加，顾燏鲁同志通过民主选举当选为交通部直属机关团委委员。

5月30日 主题为“创新·共赢的2007方正数字出版产业峰会”在北京举行。北京市副市长赵凤桐等北京市、新闻出版总署、教育部的有关领导，方正集团董事长以及来自全国各地出版社、报社、图书馆等单位的代表参加会议。我社与化学工业出版社、建筑工业出版社等8家出版业同行被授予“数字出版先锋”奖。

6月1日 我社召开2007年度交通行业标准规范工作座谈会，由杨文银社长主持，韩敏总编辑、有关部室人员参加，并邀请交通部机关部分司局代表出席。本次座谈会是根据去年11月，黄先耀副部长主持召开的“部颁行业标准规范出版发行工作专题会”的精神举办的。杨社长和韩总编辑分别汇报了我社现阶段标准规范的出版发行情况。随后，部科教司、公路司、水运司、评价中心、标委会以及体法司的代表分别就如何加强标规出版发行管理、如何加强标规的宣贯、如何加强反盗版等问题做了深入的探讨。

6月15日 经各支部评选推荐，社党委讨论，决定表彰2006～2007年度优秀共产党员蒋明耀等22名（含印务公司与交通宾馆）；优秀党务工作者杜颖等2名；先进基层党组织土木公路党支部等3个。号召全体党员和各支部向他们学习，为实现我社又好又快发展与和谐稳定做出新的贡献。

6月18日 印务公司获得中共中央直属机关采购中心定点印刷供应商资质。

6月28日 交通部直属机关党委决定，表彰2006～2007年度优秀共产党员70名，我社杨文银等5位同志名列其中；优秀党务工作者21名，我社杜颖同志榜上有名;交通出版社党委(党建工作制度建设)获得党建工作突出成果奖。

6月 我社正式通过国家测绘局的审核,取得了甲级测绘资质。该资质范围包括地图编制,专题地图、电子地图制作及地图制版等项业务。此项资质的取得,将对我社扩充经营渠道,提升综合实力起到重要作用。

7月5日 《中国道路营运里程图集》修订工作会在京召开。交通部公路司徐亚华副司长、运政处负责同志,杨文银社长、韩敏总编辑以及全国各省、自治区、直辖市交通厅(局)运管局的代表出席会议。徐副司长强调了《图集》的权威性、重要性,要求编绘人员全面准确地反映最新的道路信息,按时优质完成修订任务;出版社积极做好后期制作和出版工作。与会代表就图集的编制计划和编绘细则进行了讨论,提出了具体意见。会议为图集的修订出版奠定了基础。

7月20日 交通部党组成员、副部长徐祖远一行到我社调研并做指示。

7月23日 首届"三个一百"原创出版工程经验交流会在京召开。新闻出版总署副署长邬书林、图书司司长吴尚之等130多人参加了会议。韩敏总编辑作为入选"三个一百"原创出版工程的出版单位代表,在会上交流了本社在原创图书出版方面的经验。

7月26日 交通部保密办、保密工作抽查组一行7人,到我社抽查保密工作。在听取了我社的保密自查工作汇报后,抽查组重点检查了涉密载体的使用管理情况,随机抽查了5位员工的电脑。最后,抽查组对我社的保密工作给予了肯定,同时对个别存有敏感信息的电脑提出了改进意见。

7月 新闻出版总署组织中国出版代表团前往日本参加2007年东京国际博览会,我社派黄伟、白崤两同志参加。

8月3日 新闻出版总署正式复函交通部,批准人民交通音像电子出版社变更出版范围,增加出版旅游地图、交通地图类电子出版物的出版业务。

8月8日 我社举办了"青年编校技能竞赛",36名35岁以下的编辑和校对人员参加。竞赛结果:个人奖第一名刘高彤,第二名曹延鹏,第三名郑蕉林等4人;团体奖由公路中心获得。

8月23日 社于当日公布了2007年度优秀图书评选结果:《安全驾驶从这里

开始》获一等奖;《汽车构造》等2种书获二等奖;《结构设计原理》等5种书获三等奖;《第七届世界华人交通运输学术大会》等3种书获优秀封面设计奖。

8月 为改善大屯书库区的工作条件,社专为库区拉了一条2G光纤,改变了过去须通过Modem拨号或ISDN拨号上网,速度慢而成为与外界数据交换的瓶颈状态。光纤接入以后,计算机上网速度将大幅提高,库区与出版社各部门之间、销售客户之间信息的沟通与交换也会更加及时、便捷。

9月11日 交通部直属机关工会张荣祥主席一行4人来我社调研职代会情况,并召开座谈会,党委书记唐学军、工会主席郭荣及部分工会委员和职工代表参加。

9月12日 社纪委书记杜颖带队,同部分中层干部、党支部书记到军事博物馆参观最高人民检察院举办的"惩治和预防职务犯罪展览"。此次展览内容丰富,针对性强,大家认为通过参展,上了一堂深刻的党风廉政建设教育课。

9月14日 人民交通出版社管理信息系统专家暨用户验收会召开。与会专家有担任国家863计划新一代ERP课题组组长王联华、交通部和新闻出版总署主管信息化建设的负责人、多家兄弟出版单位的信息中心主任等。与会专家对系统给予了较高的评价,同时就存在问题和下一步发展提出了意见。最后,专家组对系统签字确认并宣读了验收意见。

9月20日 郝爱国副社长已达退休年龄,交通部党组与交通部于当日分别发文,免去郝爱国同志人民交通出版社党委委员、人民交通出版社副社长职务。

9月21日 印务公司获得ISO 14001:2400《环境管理体系规范》认证。环境方针:和谐自然、清洁低耗、创造美好的工作环境。环境目标:生产污水100%达标排放;有效治理各类生产废弃物,杜绝污染,材料回收率100%;火灾事故为零。

9月30日 由我社发起并与天津大学共同组织的《大型建筑钢结构建设丛书》编委会第一次会议在天津大学召开。来自全国有关高校、研究院和大企业的代表共计50多位参加了会议。我社韩敏总编辑参会并致开幕词。会议达成了编写共识,确定了丛书及10个分册的名称,确定了分册丛书的主编单位和参编人员。代表们一致相信这套丛书的出版发行,必将更好地促进我国钢结构事业的发展。

10 月 14 日　中央国家机关长安街片区羽毛球比赛在国家体育总局羽毛球馆举行，本次比赛有中直单位 12 支代表队共 135 名运动员参加。比赛结果，我社职工席少楠荣获女子乙组第一名；崔晓虹和规划院一位同志合作，荣获女子双打第二名；庚万山和部机关一位同志合作，荣获男子双打第二名。

10 月 16 日　交通部翁孟勇副部长一行人来我社现场办公。

10 月 30 日　中央国家机关团工委发文，决定表彰 2005～2006 年度中央国家机关优秀共青团员、优秀共青团干部和五四红旗团委。受表彰的 122 名优秀共青团干部中，有我社团委书记顾燏鲁同志。

10 月　2007 年德国法兰克福国际图书博览会举办，我社派郑文荣等 6 位同志参加。

11 月 1 日　交通部直属机关团委发文，表彰优秀共青团员、优秀共青团干部和五四红旗团委（团支部）。我社团委被授予“五四红旗团委”荣誉称号，蒲晶境和赵钒宇同志分别被授予优秀共青团员和优秀共青团干部称号。

11 月 2 日　印务公司根据《北京交通印务实业公司中层干部负责人竞聘上岗（试行）办法》和国家关于企业事业单位实行人员聘用制度的规定，参照《党政领导干部选拔任用工作条例》，按照党管干部，任人唯贤，德才兼备，干部“四化”的原则，群众公认，注重实效，公开、平等、竞争、争优的原则，民主集中的原则，实行中层干部选拔，聘期三年。

11 月 22 日　印务公司获得北京市行政事业单位定点印刷“传统印刷”、“数码印刷”中标供应商资质。

12 月 10 日　中国书刊发行协会当日公布了“2007 年度全行业优秀畅销品种”的评选结果，从各出版单位推荐参评图书 1025 种（套）中，评选出 583 种（套），我社出版的《驾驶员安全行车手册》等 5 种图书入选。

12 月 17 日　印务公司获得 ISO 27001:2005《信息安全管理体系认证规范》认证。信息安全目标：依据业务要求和相关法律法规提供管理，并支持信息安全。

12 月 19 日　我社特邀清华大学出版社原总编辑、《科技与出版》杂志社主编蔡鸿程老师来主讲“专业出版选题策划”，这是图书质量年活动的一个计划内容。

12 月 25 日　“人民交通出版社 55 周年社庆暨新年联欢会”当日在凯康国际酒店三层举行，交通部黄先耀副部长，新闻出版总署邬书林副署长出席，和我社300 余名职工同欢共庆。联欢会在杨文银社长的致辞中开幕，黄副部长、邬副署长以及我社唐学军书记发表了讲话，我社职工及家属表演了自编自导的文艺节目。出席联欢会的还有交通部有关司局、新闻出版总署图书司的代表。

今年是人民交通出版社成立 55 周年，围绕社庆，开展了一系列活动：举办了“我爱交通社”为主题的卡拉 OK 大赛、职工书画摄影展和征文活动，另外出版了《人民交通出版社五十五周年社庆专刊》（杂志）。

12 月 26 日　经社党委会研究决定，聘任杨宪卿同志为北京交通宾馆副总经理。

2008 年

1 月 9 日　社召开中层以上干部会，部人劳司、体法司领导到会宣布有关决定。交通部决定：谭鸿同志任人民交通出版社副社长（副局级），黄伟同志任中国交通报社副社长（副局级）。交通部党组决定：增补谭鸿同志为人民交通出版社党委委员，增补黄伟同志为中国交通报社党委委员；免去该两位同志的原任党政职务。同时决定：出版社和报社领导干部职务实行任期制。

1 月 15 日　当日进行了中层干部、职能管理部门 2007 年度的考核，中层干部共 22 人在会上向考核小组进行了述职。

述职之后，经考核小组考核，并经社长办公会审议通过，赵蓬、王振军等 5 位同志获得年度考核优秀，其余均为称职。生产管理部综合得分位居职能管理部门第一。

1 月 25 日　全社中层干部和副高级以上技术职称员工 56 人听取了 5 位社领导 2007 年度的述职述廉报告，并投票对社领导进行考核测评。测评结果，投优秀和称职票的比例占总数的 93.6%。

1 月 31 日　经社考核小组考核，社长办公会审议决定，对赵蓬等 22 名在 2007 年度考核优秀人员进行了表彰。

2 月 3 日　交通部通报表彰了 23 个在 2007 年部属行政事业单位资产清查的

先进单位，其中有人民交通出版社，33个先进个人中有我社卢绪妹同志。

2月20日　交通部召开扶贫工作领导小组扩大会议。黄先耀副部长在会上总结了扶贫工作经验，部署了2008年扶贫开发任务及要求，并对超额完成2007年度扶贫计划的在京单位进行了表扬，我社也在受表扬之列。谭鸿副社长出席了会议。

2月28～29日　社五届四次职工代表大会召开，杨文银社长做了题为《增强持续发展能力，促进又快又好发展》的工作报告。根据部党组关于我社领导干部职务实行任期制的要求，杨社长还对社制定的《领导班子五年任期目标和主要措施》做了说明。全社员工听取了上述报告，与会代表进行了分组讨论。大会原则通过了社长工作报告（做必要修改后印发）。大会还审议通过了《领导班子五年任期目标和主要措施》，审议了《财务工作报告》。会议结束前唐学军书记做讲话，要求大家认真学习贯彻党的十七大精神，努力转变不适应科学发展的思想观念，与时俱进，迎接新挑战。

3月6日　我社召开“数字出版专题分析会”，出席会议的有化学工业出版社信息中心、方正阿帕比合作部负责人，我社谭鸿副社长，各出版中心、信息中心等部门负责人共计约30人参加。会上，姜占峰介绍了我社数字出版概况，方正的专家分析了国内外数字出版的现状与趋势；化工社的同志介绍了该社电子书授权和电子文档保存的成功经验。与会人员对电子书加密、部分章节网上试读等问题进行了探讨和分析。

3月18日　我社召开2008年度编辑与营销工作会议，杨文银社长主持。会议主题是围绕全社各项生产经营和增强持续发展能力，贯彻落实《社长工作报告》要求，在充分总结2007年工作经验的基础上，具体部署2008年主要工作。根据今年8月北京将召开奥运会的情况，为提高预见性，争取主动，避免被动，会议确定立即启动“奥运生产”预案，3月20日～7月20日为关键期。此期间要克服困难，打破常规，团结、务实，为确保全面完成今年的各项任务奠定坚实的基础。

同日　交通部直属机关计划生育委员会通报表彰2007年度计划生育工作先进单位和先进个人，人民交通出版社为计划生育工作达标单位。

3 月　经全国新闻出版行业领军人才评审委员会评选，并经新闻出版总署人才工作领导小组审定，2007 年全国新闻出版行业领军人才和总署直接联系的中青年专家名单已经确定，我社韩敏总编辑作为原交通部唯一人选入围了该名单。

4 月 18 日　交通运输部直属机关党委和部办公厅联合发文，对部机关和在京直属单位 2007 年度，在社会治安综合治理、绿化、计划生育、爱国卫生等方面成绩突出的先进单位和先进工作者进行了通报表彰。人民交通出版社被授予“中央国家机关文明单位”。

4 月 21 日　美国土木工程师学会(ASCE)主席 David. G. Mongan 及交通与发展分会 Kam. K. Movassaghi 主席一行到我社进行访问。杨文银社长代表我社对 David 一行的来访表示欢迎，同韩敏总编辑、相关部门人员一起与客人进行了会谈。双方各自坦诚介绍了具体情况，并就合作的可能性开展了探讨，均期望今后能在版权贸易、合作出版等方面有所合作，提升彼此在业界的影响力。

4 月 22 日　交通运输部高宏峰副部长到我社调研，部体法司何建中司长等领导陪同。

5 月 17 日　为全面提高交通版图书质量，实行精品战略，我社对 22 名社外编辑，集中进行了培训。培训由韩敏总编辑主持并授课，李文臣、毛宝兴等资深编辑分别进行了讲授。社外编辑反映受益良多。

5 月　四川省汶川一带发生了强烈地震，人民生命财产受到重大损失。我社广大员工闻讯积极行动起来，发扬“一方有难，八方支援”的精神，领导干部带头，全社员工踊跃捐款捐物抗震救灾；许多离退休老职工既在社区捐款，也到出版社来捐；共产党员还以特殊党费的形式，再为灾区人民献上一份爱心。当月，全社(含印务公司、交通宾馆)捐款已有现金 286621 元。另根据灾区图书馆恢复重建的需要，我社准备捐助 60 万码洋的图书。

6 月 5 日　交通运输部和共青团中央联合发文，做出《关于表彰 2007 年度全国交通行业青年文明号和青年岗位能手的决定》。我社汽车图书编辑部被继续认定为“全国青年文明号”，团委书记顾燏鲁为“全国交通行业青年岗位能手”。

6 月　我社向四川灾区捐赠了一批价值 60 余万元的图书。该批图书主要包括交通安全、汽车维修、公路桥梁、物流、计算机等类别,共计19280册,通过中国光华科技基金会运抵灾区,用于援助灾后图书馆建设。

同月 杨文银社长接受了《运输经理世界》杂志社专访。

同月 常行宪副社长完成6年的援藏任务后,回社工作。

7月2日 交通运输部和部党组决定免去常行宪同志人民交通出版社副社长及社党委委员的职务,另行安排工作。

7月11日 根据《人民交通出版社优秀编辑评选办法(试行)》,社组织了第二届优秀编辑评选活动。经评委会评选,社长办公会批准,曲乐、王振军获得社优秀编辑称号,当日予公布。

7月12~16日 由人民交通、化学工业、电子工业等六家出版社联合发起的首届"科技六社营销论坛"在杭州举行。本届论坛以零售市场、馆配市场和教材市场为主题,邀请了全国各省市级新华书店的负责人参加并共同深入讨论。会议取得了良好的效果,代表们希望"六社论坛"年度化。

7月28日 明确了印务公司向出版社请示报告制度。北京交通印务实业公司隶属于人民交通出版社,是自主经营经济体,为进一步加强沟通,明确职责,严格程序,避免决策失误,特制定了本制度。具体内容包括:1. 请示事项;2. 报告事项;3. 请示报告形式;4. 请示报告的程序等。

7月30日 科技出版工作委员会主任于国华,顾问周谊、张学良等一行6人到我社调研,杨文银社长、韩敏总编辑及有关部门负责人陪同。于主任一行对我社近年来取得的成绩给予了肯定,认为我社办社宗旨明确,发展思路清晰,交通专业特色鲜明,自身建设特点突出,组织体系、考核机制、薪酬制度等配套措施完善,奠定了较好的未来发展基础。于主任一行也对我社较为关心的出版社转企改制、防盗版、评优等问题发表了看法,对我社的经营思路提出了建议。

9月17日 交通运输部直属机关工会广播体操比赛在交通运输部管理干部学院举行,我社一行25人代表单位参加比赛。比赛场上,大家精神风貌良好,动作准确整齐,受到评委、观众的一致好评,最终捧回了第二名的奖杯。

9月23日 《固定资产损失责任追究制(试行)》当日印发。该项制度明确了出版社管理的固定资产损失责任追究工作的原则，明确了固定资产损失责任认定机构及认定程序，规定了责任人应负的赔偿责任及赔偿处理程序等。这一制度的出台，结束了我社固定资产损失责任追究无章可循的历史，对规范固定资产管理具有积极意义。

同日 经社长办公会批准，当日印发了《人民交通出版社先进个人、先进集体奖励标准》，从当年10月1日起施行。该标准对不同级别、不同类别、不同内容的奖励标准及执行办法均做了较详细的规定，为日后实际操作提供了依据。

9月 2008年度社优秀图书评选结果揭晓：《桩基施工手册》获一等奖；《汽车电系检修图册》(第二版)等2种书获二等奖；《室内建筑师辞典》等3种书获三等奖；《土木工程制图》获青年编辑优秀奖。

10月17日 我社进行了第二届编校知识测试，王霞、吴有铭、刘永超分别获得编辑组前三名；刘高彤、董昊、孙国靖分别获得校对组前三名。

10月22日 印务公司获得公安部青海省公安厅交警总队机动车驾驶证、行驶证、检验合格证政府采购中标供应商资质。

10月23日 2008全国出版业网站年会在北京出版发行物流中心隆重举行。本届年会由中国出版工作者协会、中国出版科学研究所主办，以“网络提升价值、创新推动发展”为主题。本届年会还评选出“全国出版社网站20强”，我社在这一荣誉称号中排名第七。

10月28日 印务公司获得OHSMS18001：2001《职业健康安全管理体系规范》认证。安全方针：以人为本，安全守法，为员工提供健康安全的工作条件。安全目标：火灾事故为零；员工重大以上伤亡事故为零。

10月31日 我社召开“深入学习实践科学发展观活动”动员大会，社内在职全体党员、中层以上干部、要求入党积极分子、离退休党支部支委会成员等共计110余人参加了大会。杨文银社长主持会议，唐学军书记做动员报告，交通运输部学习实践活动领导小组办公室王军同志到会指导。动员大会的召开，标志着该项活动在我社全面启动。

11月1日 《公路桥涵设计手册》第二次编写工作会议在京召开，交通运输部专家委员会主任、该《手册》编委会主任凤懋润，编委会副主任刘效尧，以及中交公路规划设计院等主编单位代表参加了本次会议。会议由我社韩敏总编辑主持。他首先向大家介绍了《手册》由交通运输部申报、新闻出版总署审批，被列为国家“十一五”重点图书的有关情况。与会人员对《手册》编写风格、各分册间的协调、电算化程序应用等问题进行了讨论。凤懋润主任在听取了各位代表的汇报后，就《手册》编写后续工作做了多项具体指示、要求。本次会议的召开，对《手册》按时、保质出版起到了促进作用。

11月17日 第18届全国科技出版社社长总编年会在京召开，与会150余名代表共同研讨、交流出版事业科学发展问题。我社杨文银社长参会，并做了题为“转变出版发展方式：认识与实践”的会议发言，引起了大家的共鸣。

11月20日 中国计量出版社党委书记兼副社长隋松鹤一行6人来我社调研，韩敏总编辑及相关部门负责人给予接待。双方就各自的机构设置、生产经营部门的绩效考核办法、图书生产的管理等方面，进行了广泛的交流。

11月28日 2008年澳大利亚、新西兰中文书刊巡回展览举办，新闻出版总署组织中国出版代表团参加，我社派罗金华、张新文同志参加。

12月10日 我社2007年度财务决算编报和会计信息报送，受到交通运输部办公厅授予“企业决算先进单位”的通报表彰。

12月19日 社党委召开了领导班子专题民主生活会。部直属机关党委副书记吴英琪、部学习实践活动领导小组办公室宣传督导组副组长曾长城等领导到会指导。此次专题民主生活会准备充分，主题鲜明，围绕我社学习实践活动实践载体，领导班子成员认真开展了批评与自我批评，对制约我社持续发展、群众反映强烈、当前急需解决的突出问题进行深入分析，初步理清了工作思路，进一步统一了思想认识。会议达到了预期效果。

12月20日 印务公司获得北京地方税务局税票及普通印刷品定点供应商资质。

12月 根据29届奥委会组织委员会、共青团中央、北京奥运会志愿者工作协调小组联合评定：人民交通出版社荣获北京奥运会、残奥会志愿者工作优秀组织单位。我社顾燏鲁同志因在奥运志愿者工作中表现优秀,被交通运输部评为奥运交通保障工作先进个人。

同月 我社在中国万网成功申请了“中国交通数字图书馆”英文域名(www.cntdl.com.cn.ChinaTransportDigitalLibaray),为建设交通科技共享平台中的交通科技图书检索子系统网站创造了前提条件。

2009 年

1 月 4 日 社综合管理部和交通宾馆共同制定《人民交通出版社(暨交通宾馆)保安服务标准》,自 2009 年 1 月 1 日起执行。

1 月 8~11 日 第 22 届北京图书订货会在国际展览中心召开,我社携几百种新书、畅销书参展。

1 月 15 日 当日公布了 2008 年度中层干部、职能管理部门的考核结果:张斌、王振军等 5 名中层干部考核为优秀,其余中层干部考核为称职;职能管理部门综合分数第一名为生产管理部。

1 月 21 日 经社考核小组考核,社审核通过,对赵钒宇等 22 名在 2008 年度考核优秀的员工进行了通报表彰。

1 月 由我社承建的交通科技图书检索系统项目正式启动。该项目是交通运输部科技信息资源共享管理平台的子平台之一,以我社交通科技图书资源为主,引进其他交通科技图书为辅,建成技术先进、内容广泛、功能完善、稳定高效的交通科技图书检索系统。该项目的启动,将加快我社信息化建设步伐,有效提高数字出版水平和能力,在满足社会服务的同时,推动我社电子商务、公益宣传、ERP 建设等方面迈上新台阶。

同月 新闻出版总署公布了第二届“三个一百”原创出版工程入选图书名单,在 100 种科学技术类图书中,我社《边坡与滑坡工程治理》等 3 种书入选。

同月 由中国书刊发行协会组织的“2008 年度全行业优秀畅销品种”评选揭晓,我社地图出版中心的《中国公路营运里程图集》、《国家高速公路快速行车实用图集》等 5 种图书榜上有名。

同月 北京奥组委批准、北京市体育局主办的“2008 我的梦想”奥运主题摄影大赛揭晓，我社摄影爱好者蒋明耀的摄影作品《冲刺》在万余件作品中脱颖而出，荣获大赛铜奖。

2月2日 温家宝总理向剑桥大学赠送《中华数字书苑》，其中收录了包括我社在内的多家出版社出版的20万种电子图书。

2月3日 社工会组织了“劳动管理规章制度”征求意见会，工会委员及各工会小组参加了会议。人力资源部蒋明耀主任首先对征求意见稿中有所变动的条款做了说明，参会人员对工资、福利、社会保障和奖励惩罚等问题发表了自己的看法，蒋明耀和工会郭荣主席认真做了记录，并表示如实反映给社领导。本次会议参会人员来自生产管理、服务等部门，有较强的代表性，会议气氛热烈有序，反映意见全面，为科学、民主决策劳动管理的规章制度提供了依据。

2月17日 交通运输部学习实践活动领导小组宣传督导组副组长曾长城一行3人来我社，以召开小型座谈会的形式了解学习实践科学发展观活动开展情况。吴有铭、赵钒宇等同志参加座谈会，并向在座领导介绍了我社活动进行的总体情况，畅谈了自己的体会和收获。曾长城副组长对我社开展学习实践活动给予了肯定，同时对提高活动成效提出了具体要求。

3月3日 人民交通出版社被评为“2008年度中央国家机关平安单位”，受到中央国家机关社会治安综合治理领导小组办公室的通报表彰。

3月5~6日 我社第六届职代会一次会议召开。会议听取并通过了社长工作报告。代表们结合我社生产经营实际情况，对出版社未来四年主要生产经营指标进行了分析探讨；针对关系全体职工利益的《劳动管理制度》提出了一些意见和建议；就如何养成保护出版社商业秘密的意识以及如何界定泄密行为等发表了观点。最后通过无记名投票方式通过了《未来四年主要生产经营指标》、《人民交通出版社商业秘密保护规定》和《人民交通出版社劳动管理制度》。此次职代会的召开，为出版社进一步提高抗风险能力、实现平稳较快发展提供了保障。

3月16日 交通部直属机关计划生育委员会发出“关于表彰2008年度计划生育工作先进单位和先进个人的通报”。人民交通出版社被评为先进单位；郭荣同志被评为先进个人。

3月20日 根据《人民交通出版社2009年中层干部竞聘上岗实施方案》，新一轮中层干部竞争上岗工作当日拉开帷幕。本次竞聘最大的特点，是设定了“免检”条件（申报的是同级岗位、第一志愿无人竞争、前三年考核平均90分以上），符合“免检”条件的竞聘人员可以不再参加竞聘演讲等程序，经党委会研究后直接办理续聘或转任。这种办法不仅符合干部管理的有关规定，且具有长效机制意义，将激励每一名干部更加兢兢业业地做好每一年的工作，更加重视年度考核。本次竞聘报名者共有51位同志，其中14人符合“免检”条件。

4月2日 根据《人民交通出版社中层干部选拔聘用办法》及《2009年中层干部竞聘上岗实施方案》，经民主测评，组织考察，党委会研究决定，当日正式发文，由社长聘任了沈鸿雁等32位中层干部，聘期从2009年4月起至2012年3月止。原聘任的中层岗位干部职务同时免除。

4月10日 由我社出版的《北京奥运会、残奥会赛事交通服务纪实》一书出版座谈会在北京竹园宾馆举行。出席座谈会的有北京奥组委执行副主席李炳华，奥组委交通部长、北京市公安局副局长于春全，我社韩敏总编辑，以及北京市交管局、共青团北京市委、北京市交通委等单位的相关人员。李炳华与于春全在先后发言中，均对该书给予了高度评价，对人民交通出版社在出版该书过程中所付出的努力表示感谢。韩敏总编辑表示出版交通类图书是我们的责任，是我社的荣幸，希望今后能有更多的合作，为北京交通发展提供我们力所能及的服务。

4月15日 社党委研究决定，聘任杨宪卿同志为交通宾馆总经理（试用期一年），郑志永为宾馆副总经理，武君为宾馆副总经理（试用期一年）；免去郑建宾馆常务副总经理、杨宪卿宾馆副总经理职务。交通宾馆领导班子实行任期经营目标责任制。

4月17～21日 作为我社2009年重点工作之一的库房搬迁，自17日正式启动后，历时4个昼夜，截至21日凌晨3时，全部完成，比原计划提前了5天。这次库房搬迁，任务紧，劳动强度大，作业环境差，全社上下高度重视，累计动员了70多人，涉及16个部门。在整个搬迁过程中，没有发生一起设备损毁、产品损坏和人员受伤的事故，体现了我社职工良好的精神面貌和职业素养。

4月21日 新闻出版总署组织中国出版代表团前往瑞士参加第23届日内瓦图书沙龙。我社杨文银社长参团。

5月7日、5月14日 李盛霖部长、高宏峰副部长率政法司、规划司领导分别深入到我社黄寺办公区和大屯中交文苑办公区调研、指导工作。

5月15日 根据交通运输部通知精神,我社成立了治理"小金库"工作领导小组及日常工作机构,设立了举报电话、信箱,使防腐倡廉工作进一步制度化,常态化。

5月 德国图书信息中心项目经理蔡美玲女士带相关人员访问我社,与我社生产管理部赵蓬主任、各出版中心的多位编辑就版权贸易工作进行了友好交流,双方对热门问题深入交换了看法,一致希望建立长期良好的沟通渠道,并达成部分合作意向。

6月2日 社党委会向部党组报送了《人民交通出版社转制工作建议方案》。

6月3日 交通运输部科技司贺建华司长、张延华和任锦雄副司长等一行来我社调研。杨文银社长、韩敏总编辑分别向科技司领导介绍了我社图书出版情况、交通数字图书检索系统建立情况,并就推动高精尖图书的出版、数字图书检索系统等平台建设提出了设想建议。贺司长在发言中肯定了出版社为交通科技进步发挥的积极作用,表示要进一步支持交通科技图书出版事业。双方就下一步要开展的具体工作进行了磋商。

6月15日 经各党支部评选推荐,社党委讨论,决定表彰2007年以来先进个人和集体,崔雪飞等19名(社本部)优秀共产党员、王建中等2名优秀党务工作者、公路土木支部等2个先进基层党组织受表彰;交通宾馆郑志永、王福臣被评为优秀共产党员。

6月23日 杨文银社长主持召开"交通科技图书检索系统"项目建设领导小组第三次会议。信息中心主任姜占峰汇报了项目建设的进展情况:主管部门批准我社自主承建交通科技图书数据工程;经与业主单位交科院充分沟通,明确了我社为数据工程的承建主体;按"机工料"方式对数据工程建设费用做了预算分解。会议原则通过了数据工程建设费用预算方案、《交通科技图书数据工程建设合同》文本,以及部分数据加工外包的程序和招标方式。数据工程自建,为我社项目建设奠定了良好基础。

6月 “七一”前夕,部直属机关党委做出《关于表彰部直属机关优秀共产党员、优秀党务工作者和先进基层党组织的决定》。我社受到优秀共产党员表彰的有杨文银、张斌等5位同志,优秀党务工作者有王建中同志。

同月 我社通过中国光华科技基金会向山东交通职业学院捐赠价值近19万元的图书。

同月 我社通过中国儿童少年基金会捐赠52500元,用于资助全国职业院校技能大赛。

7月1日 为贯彻落实中央关于中央部委所属出版社都要在2010年底前完成转制的总要求,部党组已就我社转制工作做出部署,并决定成立部出版社转制工作领导小组和工作机构。为有序、稳步推进我社转制工作,按照部出版社转制工作领导小组的要求,社决定成立出版社转制工作组,主要职责是研究问题,提出方案,起草文件,协调督促,组织完成部领导小组交办的任务。负责人为杜颖和谭鸿,成员有张斌、郑文荣等5人。

7月4~9日 由人民交通、化学工业等出版社联合发起的“科技六社2009高层论坛”在四川省西昌市举行。6位社长、各省(市)新华书店的总经理等60余人参会。会上,我社杨文银社长做了“新形势下的渠道革新”的主题演讲。

7月8日 第16届日本东京国际书展即将举办,我社派姜占峰等3同志参加,并对日本昭文社进行考察交流。

7月10日 “交通运输部直属机关庆祝建国60周年羽毛球团体赛”7月9~10日举行,受部的委托,我社承办了此次比赛的有关赛务工作,共有12个队91名运动员参加了比赛。比赛结果我社获第一名。

7月 我社通过中国光华科技基金会向西藏自治区交通职工学校捐赠价值7万元图书。

8月3日 经社研究,任命杨宪卿同志为北京交通宾馆法定代表人,免去郝爱国同志北京交通宾馆法定代表人职务。

8月21日 社党委研究决定，同意郑志永同志的内退申请，免去其交通宾馆党支部书记、副总经理职务。杨宪卿同志任交通宾馆党支部书记。

8月26日 交通运输部党组成员、副部长高宏峰，部政法司司长何建中，部人劳司副司长陈瑞生等一行人，在我社中层以上干部大会上，宣布部党组关于我社领导班子调整的决定：赵冲久同志任社党委书记、副社长，增补为党委委员；杨文银同志任党委副书记；杜颖同志任党委副书记；戚学林、王振军同志任副社长，增补为党委委员；免去唐学军党委书记、委员职务，保留正局级；免去杜颖副社长职务。

8月27日 2009年社优秀图书评选活动结束，3名评委对全社申报的25种(套)共计48本图书进行了认真评选：曲乐任责任编辑的《桩基工程手册》一书被评为一等奖，另评出优秀图书二等奖2种，三等奖4种，青年编辑优秀图书奖1种(三等)。

8月 新闻出版总署公布了首次全国经营性图书出版单位等级评估结果，评出一级单位100家，并授予"全国百佳出版单位"称号。我社取得一级出版单位资质，跻身百佳之列。在"全国百佳出版单位"中，仅有科技类出版社18家。

9月3日 为进一步加强对转制工作的领导，确保转制工作有序、稳步推进，结合社领导班子的充实和调整，决定加强转制工作组的领导力量，由赵冲久同志任组长，杜颖、谭鸿、戚学林同志任副组长。

9月8日 印务公司获得甘肃省公安厅交通警察总队检验合格证、临时号牌政府采购中标供应商资质。

9月25日 为统筹解决出版社业务用房问题，社向部综合规划司呈送了《关于请求支持人民交通出版社业务用房改造项目的报告》。

9月27日 交通运输部人事劳动司发批件：经委托新闻出版总署编辑专业高级职称评审委员会评审，人民交通出版社沈鸿雁、白峤同志取得编审任职资格；吴有铭同志取得副编审任职资格。

9月 《中国交通运输60年》一书出版发行。该书是国家重点图书《辉煌历程——庆祝新中国成立60周年重点书系》之一，由李盛霖部长做序，交通运输部各司局和全国各省厅(局、委)提供资料编撰而成，重点介绍了新中国成立60年来交通运输事业的奋斗历程和辉煌成就。

10 月 8 日　习近平副主席向鲁汶天主教大学校长赠送“中华数字书苑”，其中收录了包括我社在内的多家出版社出版的 20 万种电子图书。

10 月 13 日　我社委托中交水运规划设计院编制的《人民交通出版社综合业务用房改造工程可行性研究报告》完成，当日报送部综合规划司核批。

10 月 14～18 日　法兰克福 2009 国际书展，中国首次以主宾国身份参加，我国共有 274 家出版单位参展。赵蓬、吴有铭、刘永芬代表我社参加了本届书展。

10 月 26 日　中国网以《立足交通　人民交通出版社改革铸就华章》为题对我社获评“全国百佳出版单位”进行了全面报道。

11 月 6 日　杨文银社长会见了在美国特拉华州注册的美国帕利塞德中国出版有限责任公司（Palisades China Group Press，LLC）总裁 EvaLerner. Larn 女士一行二人。双方就合作相关事宜交换了意见并正式签订了版权贸易协议。韩敏总编辑、生产管理部负责人等参加了会见。

11 月 8 日　2009 年度全国出版业网站年会在北京召开，本届年会以“净化网络环境，创新赢利模式”为主题。会上，我社荣获“全国出版业网站创新奖”。

11 月 4 日　由我社起草的《人民交通出版社转制工作方案》完成，当日呈报部出版社体制改革工作领导小组审核并转报中央。

11 月 16 日　根据部出版社体制改革工作领导小组审核意见及 2009 年 11 月 9 日部专题会议要求，我社对上报的《人民交通出版社转制工作方案》进行了修改，当日再次呈报部出版社体制改革工作领导小组审核并转报中央。

11 月 18 日　我社工会会员代表大会召开，大会听取了郭荣主席的《工会工作报告》、文中主任的《经审委工作报告》，选举产生了由社本部、印务公司、交通宾馆组成的人民交通出版社工会委员会委员和经审委员会委员。

11 月 19 日　交通运输部直属机关游泳选拔赛在部党校游泳馆举行，来自在京 11 个单位和部机关的 138 名干部职工参加了比赛。我社张金利在 55～59 岁年龄组的比赛中，荣获男子 50、100 米蛙泳两项第一名；张新在 45～49 岁年龄组中荣获男子 50、100 米蛙泳两项第一名；郭荣在 50～54 岁年龄组中荣获女子 50 米蛙泳、50米自由泳两项第一名，崔晓虹在同年龄组中荣获女子50米自由泳第三名。

11月24日 社召开了转制动员大会，人力资源部蒋明耀主任宣讲了国家有关出版社转制工作的政策。赵冲久书记在会上强调：企业化改革是我社势在必行的一件大事，要从行业和社会进步的角度，思考出版社的发展；在市场竞争中要看清形势，发挥优势，规避劣势；要从出版社发展来看，规范生产管理，促进企业发展；抓住改革发展机遇，求得更好的发展。大会增强了全社员工转制工作的信心。

同日 社党委委员、副社长谭鸿为全社党员和申请入党的同志上了一堂题为《关于进一步加强出版社党员队伍建设》的党课。党课阐述了什么是共产主义，激发大家坚定共产主义理想信念；介绍了劳动价值理论，引导大家正确对待财富；结合出版社的转制，指出如何做才是一名真正的共产党员。

同日 中国图书商报开展“全国百佳出版单位”专题宣传，杨文银社长接受中国图书商报专访，题目为《转企改制与解决短板并举》。

11月25日 交通运输部向中央各部门各单位出版社体制改革工作领导小组办公室报送了《人民交通出版社转制工作方案》，并请审批。

11月26日 新闻出版总署在北京隆重举行“全国百佳图书出版单位”命名表彰大会，向在首次全国经营性图书出版单位等级评估中被评为一级并获得“全国百佳图书出版单位”荣誉称号的100家出版单位正式命名授牌。杨文银社长出席本次表彰大会，并代表我社领取了奖牌和证书。

11月30日 向部转制工作领导小组报送我社转制宣传和维护稳定工作的方案。分别对社本部和宾馆的转制宣传、具体工作中可能出现的问题以及宣讲政策等做了设计安排。

12月9日 人力资源和社会保障部、交通运输部联合做出“关于表彰全国交通运输系统先进集体劳动模范和先进工作者的决定”。我社王振军被授予“全国交通运输系统先进工作者”荣誉称号。

12月10日 中国版协科技出版委员会组织部分中央在京科技出版社社长（书记）在我社召开座谈会。此次座谈会是在中央要求全国各部（委）所属经营性出版社须在2010年底前完成转制改革任务的背景下召开的，共有11家中央科技出版社的19位社长、书记参加。与会人员交流了前一阶段转制工作的经验，分析梳理了转制推进过程中遇到的共性问题，决定将其中的重大问题及解决建议以科技出版委名义，书面上报中央相关领导部门，以期完成转制任务，争取有利的政策环境。

12月22日 在北京召开的交通运输科技信息资源共享平台开通仪式上，我社“交通科技图书检索系统”项目建设成果得到了高宏峰副部长的重点关注，受到了科技司、规划司及与会代表们的广泛好评。作为承建共享平台两个子平台建设单位之一，我社谭鸿副社长、信息中心姜占峰等人员参加了本次会议。

12月 继11月全社转制动员会后，我社集中召开了各类人员转制工作座谈会：11月27日、12月4日分别召开了离退休人员支部委员会议和离退休人员座谈会；12月17日分别召开了“中人”、“新人”和内退人员座谈会。赵冲久书记、杨文银社长、杜颖副书记、谭鸿副社长分别参加了座谈会，向职工宣传转制政策，听取在职职工和离退人员的诉求，就大家关心问题进行了沟通。

同月 经工会会员选举，社党委和部直属机关工会批准，我社工会由杜颖、蒋明耀等11位委员组成工会委员会，杜颖为工会主席，蒋明耀、强伯宏为工会副主席。社工会由文中、江好、陈雪华3位委员组成经费审查委员会，文中为委员会主任。

同月 依据《全民所有制工业企业职工代表大会条例》及我社制订的《组建人民交通出版社(含印务公司、交通宾馆)职工代表大会方案》，并经全社职代会推选，人民交通出版社职工代表大会组建完毕。本届代表总数59人，占全部在岗职工的15%，其中社领导代表7人，社本部代表31人，印务公司代表5人，交通宾馆代表6人。代表中，女职工26人，占总数的44%；副高级以上职称的职工19人，占总数的32%；大学本科以上学历的职工34人，占总数的58%。

同月 由中国书刊发行业协会主办的“2009年度全行业优秀畅销品种”评选活动揭晓。我社出版的《中国高速公路及城乡公路网地图全集》(精编版)、《随身带中国交通旅游图册》和《汽车节能驾驶手册》3种图书榜上有名。

2010 年

1 月 6 日　我社获得由北京博天亚认证有限公司颁发的地图编制 ISO 9001 质量管理体系认证证书，因此将会增加市场对交通版地图的品质认可。

1 月 8 日　为了加强我社员工对国家出版基金管理办法及资助项目评审的认识和理解，原高教社社长、中国出版工作者协会科技出版工作委员会名誉主任于国华应邀来社为编辑人员讲解“国家出版基金资助项目申报与评审”操作方法。杨文银、韩敏、王振军等社领导及各出版中心负责人和部分编辑代表参加了本次会议。

1 月 8 ~ 11 日　第 23 届北京图书订货会在国际展览中心召开，我社布台参展。展会期间，社领导，市场部、发行部人员，各出版中心相关编辑先后到会。新闻出版总署出版管理司吴尚之司长在杨文银社长的陪同下参观了我社展台，对我社的图书出版工作进行了指导。

1 月 11 日　印务公司被北京市新闻出版局、北京市印刷协会评为 2009 年北京印刷行业诚信企业。

1 月 23 日　由我社组织的《公路桥梁施工系列手册》第一次编写工作会议召开，中交集团、中铁工程公司等单位共 13 位专家出席，韩敏总编辑到会，并向与会专家介绍了该书的编写背景与要求。大家围绕全书的定位、各分册的名称、编写深度、如何分工等问题，进行了充分研讨，并形成统一意见，全书计划 2011 年完成出版工作。

1 月　北京市新闻出版局、北京市人力资源和社会保障局授予我社公路图书出版中心“2009 年度北京市新闻出版和版权工作先进集体”称号、卢仲贤同志“2009 年度北京市新闻出版和版权工作先进个人”称号。

同月　经社考核小组考核，社领导审核通过，决定对张斌、刁乃杰等 23 名在 2009 年度考核中获优秀人员进行表彰。

同月　根据《人民交通出版社优秀图书营销人员评选办法（试行）》，社组织了 2008 ~ 2009 年度优秀图书营销人员评选活动。李洁、李清被评为该年度优秀图书营销员；蒲晶境被评为该年度优秀图书宣传推广员。社决定予以通报表彰。

2月3日 我社向部综合规划司呈送了《关于请求将我社综合业务用房改造工程列入2010年中央预算内资金计划的报告》。

2月5日 收到交通运输部《关于人民交通出版社综合业务用房改造工程可行性研究报告的批复》，同意我社对现有业务用房（朝阳区小营北路17号）进行扩建改造，工程投资为2960万元，由部在年度投资计划中安排。

2月9日 我社中交文苑综合业务用房改造工程可行性研究报告和初步设计审查会议分别于1月22日和当日召开。部规划司、水运局、财务司有关领导，我社赵冲久书记、戚学林副社长，特邀专家及设计单位代表参加。会议的召开，标志着这项中央财政投资2960万元的工程正式启动。改造工程的实施，将大大改善我社基础设施条件。

2月22日 中交文苑综合业务用房改造工程项目工可和初步设计已获部批复。为加强对改造工程建设工作的领导，扎实有序推进工程建设，社决定成立中交文苑综合业务用房改造工程建设领导小组暨办公室。组长赵冲久；副组长谭鸿、戚学林；下设办公室，张斌任主任，成员有闵杰等5人。

2月23日 收交通运输部文件《关于人民交通出版社综合业务用房改造工程初步设计的批复》。同意我社该项改造工程完工后，增加的建筑面积为3200m^2；拆除染房、水塔等设计。

3月2日 我社（社本部）六届二次职工代表大会召开，杨文银社长代表社领导班子，做了题为《统筹兼顾，攻坚克难，为平稳有序推进改革与发展而努力奋斗》的工作报告。本次职代会应到正式代表48人，实到代表44人；各部门主任和工会委员列席了会议；交通宾馆杨宪卿、武君出席会议。全社职工听取了社长工作报告。大会讨论、同意了社长工作报告，代表们同时提出了许多有益的建议和意见，社长表示将在工作报告的修改中予以认真考虑，并在日后的工作中予以体现。大会还审议了《2009年财务决算报告和2010年预算草案》；对2009年度获得各类奖项人员进行了表彰。赵冲久书记做了会议总结。

3月30日 《人民交通出版社2010年党委工作要点》和《人民交通出版社2010年党风廉政建设工作要点》经党委会讨论通过后，当日印发。《人民交通出版社2010年工会工作要点》也于同日印发。

3月 中国版协科技出版工作委员会第4次主任扩大会议讨论,一致通过增补我社杨文银同志为第七届委员会副主任,增补我社生产管理部赵蓬同志为副秘书长。

4月6日 适值我社转制工作关键之期,交通运输部高宏峰副部长在部政法司何建中司长、柯林春副司长,人劳司陈瑞生副司长的陪同下来到我社,与我社20位离退休老同志代表进行座谈,听取大家对出版社转制工作的意见和建议。杨文银社长、赵冲久书记、谭鸿副社长参加。高副部长一行的到来,带来了部党组的关心与支持,有力地推动了我社转制工作积极稳妥地进行。

4月8日 《人民交通出版社转制工作实施方案》已经党委会讨论原则通过,报请部出版社体制改革工作领导小组审议。

4月14日 接到交通运输部转来的中央改办[2009]69号《关于同意人民交通出版社转制工作方案的批复》文件。

4月19~20日 全社开展了向青海玉树地震灾区献爱心捐款活动。全社359名员工踊跃参加,共捐款37005元,其中社本部220人捐款33230元。部分离退休老同志闻讯而至,积极参与,魏启宇同志特意从外地打来电话,要求捐款500元;王肃仪同志一次捐出1000元。

4月20~23日 我社2010年度图书营销工作会议在重庆召开。本次会议邀请了全国各地的交通书店,教材经销商等60余名代表到会,王振军副社长,市场部、发行部、各编辑部负责同志,部分编辑及信息中心人员参加了会议。此次会议分组讨论的问题为:①主力经销商队伍建设,渠道整合及教材代理推广;②我社图书产品竞争力分析,图书营销、推广、发书、退货等环节相关问题分析。

4月22日 交通运输部决定授予50位同志2008~2009年度交通青年科技英才荣誉称号。我社沈鸿雁同志获此殊荣。

4月28日 经社党委会研究决定,社长正式聘任杨宪卿同志为交通宾馆总经理,武君同志为交通宾馆副总经理。任职时间从2009年4月起计算。

4月 我社出版的《中国交通运输60年》一书作为存史之作,由中国版本图书馆收藏签名本，李盛霖部长欣然为签名本亲笔题词并签名。该书是《辉煌历程——庆祝新中国成立60周年重点书系》之一，由我社依据交通运输部各司局和全国各省（自治区、直辖市）交通运输厅（局、委）提供的资料编撰而成。

同月 交通运输部决定：免去张德明同志人民交通出版社巡视员职务。

同月 社成立了“十二五”战略规划编制小组，正式启动了“十二五”战略规划编制工作。这项工作是我社未来5年全面、协调、可持续发展的基础，小组呼吁全社员工积极参与，通过递交书面材料、参加座谈、献言献策等形式，共同确保“十二五”战略规划编制工作保质、按期、顺利完成。

5月20日 我社“十二五”战略规划编写提纲审定通过，战略规划编制第一阶段工作顺利完成。

5月24日 按照新闻出版总署《关于报送“十一五”国家重点图书、音像、电子出版物出版规划执行情况和工作总结的通知》的要求，我社总结了《桥涵设计手册》等20种“十一五”国家重点图书出版规划的进展情况，分别填写了《“十一五”图书出版规划项目执行和调整情况检查表》，报部政法司审核，并转报新闻出版总署。

5月 根据中央部署，我社将于今年年底完成转制任务。经交通运输部出版社体制改革领导小组同意，我社已将《人民交通出版社转制工作实施方案》印发全社职工和离退休人员，并于当月上、中旬分别召开了在岗人员、内退人员、离退休人员等各类人员座谈会；工会和团委组织了工会委员、小组长，团委委员和部分青年座谈会；各部门也组织职工进行了讨论，反馈了意见。《转制工作实施方案》将根据大家意见做进一步修改。

同月 经中央国家团工委审核，人民交通出版社团委被评选为“2007～2008年度中央国家机关五四红旗团组织创建单位”。蒲晶境荣获“部直属机关优秀团干”称号，王风力、施韵玥荣获“部直属机关优秀团员”称号。

6月10日 交通运输部转来中央机构编制委员会办公室发出的《关于核销人民交通出版社事业编制的批复》。根据中央各部门各单位出版社体制改革工作领导小组办公室《关于同意人民交通出版社转制工作方案的批复》（中央改办[2009]

69号),经研究,同意人民交通出版社不再列入事业单位序列,核销其经费自理事业编制210名。

6月25日 交通运输部直属机关党委对在迎七一读书交流活动中,30名优秀读书心得获奖者予以表彰:我社戚学林获一等奖(共5名);吴有铭获三等奖(共15名)。

同日 收到北京市朝阳区园林绿化局《关于人民交通出版社综合业务用房改造工程园林审核意见的复函》,同意该项目绿地率指标及绿地布局等方案。

6月28日 当日上午,部交通管理干部学院院长孙玉清、院办主任贺忠良到访我社。我社赵冲久书记、杜颖副书记,副社长谭鸿、戚学林、王振军参加了会见。双方领导互相介绍本单位的发展情况,交流了今后可能合作的内容和模式,表达了合作共赢的良好愿望。

6月 部召开"直属机关深入开展创先争优活动动员会"后,我社党委立即组织中心组学习,传达了动员会的精神和部领导的讲话,学习了有关文件,并对全社开展创先争优活动进行了部署:专门成立领导小组和工作机构;宣传创先争优的主要内容;制订我社的活动方案;以学习高发明同志的事迹为契机,拉开本次活动的序幕。

同月 我社通过中国儿童少年基金会捐赠52500元,用于资助全国职业院校技能大赛。

7月2日 交通运输部党组成员、驻部纪检组组长、部直属机关党委书记杨利民,部直属机关党委常务副书记梁晓安到我社调研党建工作。社党委书记赵冲久、副书记杜颖汇报了党建工作情况,副社长谭鸿、王振军汇报了我社党建工作体会。

7月14日 杨文银社长主持召开"十二五"战略规划汽车延伸业务专题研讨会,战略规划编制组成员及社内有关人员参加。汽车延伸业务是"十二五"战略规划中需要重点研究的三个专题之一,此次会议的目的在群策群力、集思广益,深入研讨汽车延伸业务方向和可行性。会议回顾了战略规划编制工作启动以来各项工作进程,强调了各阶段的工作计划。杨社长对编制组下阶段的工作进行了详细部署,并明确了下次会议的时限和内容。

7月23日 为扎实有序推进中交文苑综合业务用房改造工程建设，严格工程建设日常管理工作，规范工程建设资金使用与管理，特制订了《中交文苑综合业务用房改造工程建设领导小组办公室工作制度(暂行)》、《中交文苑综合业务用房改造工程建设资金使用管理暂行办法》，并予印发实施。

7月26日 2010年半年工作总结会议召开，会议由杨文银社长主持，赵冲久等社领导和各部门主要负责人参加。会议总结了上半年编辑、出版、营销及社重点工作进行情况，分析了工作中存在的主要问题及面临的经营形势，对下半年各项工作做了全面布置和再动员。

7月29日 全社党支部书记会议召开，党委书记赵冲久就创先争优活动做了进一步部署，党委副书记杜颖对组织开展“创先争优公开承诺”主题活动进行了动员。会议要求各支部围绕“突出先进性、增强针对性、把握可行性、注重实效性”认真开展承诺活动。基层党组织的承诺要与中心任务相结合，推进日常工作的开展；党员承诺要与本职岗位相结合，立足岗位做贡献。

7月30日 中央国家机关人民防空办公室审核同意我社综合业务用房改造工程项目防空地下室易地建。

7月 由交通运输部投资建设的“交通科技图书检索系统”(交通数字图书馆)项目初见成效，当月已拥有近2800种非交通版交通运输类电子图书和200多万篇交通运输标准规范全文数据库、法规案例库的资料，可供我社员工在局域网内在线借阅、查询或下载使用。

8月3日 北京市住建委给我单位发《建设项目备案通知书》[京建计(备)字(2010)065号]：你单位申报的综合业务用房改造工程项目申请表收悉。经审核，该项目符合基本建设程序有关规定，同意备案。

8月6日 交通运输部人事劳动司给我社发来批件：经委托新闻出版总署出版专业高级职称评审委员会评审，李萍、杨文银同志取得编审任职资格；王霞等4同志取得副编审任职资格。

8月18日 交通运输部人劳司副司长陈瑞生、领导干部处副处长王韬等一行8人来我社进行领导班子综合考评。社领导、中层以上干部、具有正高级专业技术职务资格的人员及部分群众代表参加。杨文银社长代表领导班子做工作报告，各位班子成员也分别从自身思想认识、分管工作等方面进行了述职。部考察组工作人员组织大家对领导班子及班子成员进行了民主测评，对赵冲久、戚学林、王振军三位同志试用期满转正进行了考核。

8月19日 遵照新闻出版总署的要求，我社初评了《公路工程地质手册》等20种（套）“十二五”国家重点图书出版规划项目，填写了《“十二五”国家重点图书出版规划项目申报表》（20份），呈报部政法司审核，并转送新闻出版总署。

8月23日 社发《关于调整书稿三审费用标准的通知》。经社长办公会审议，决定从9月1日起，适当调高我社编辑加工费、复审费、终审费的支付标准。原《社外人员编辑加工费用支付办法》（社通编发[2002]22）同时废止。

8月26日 我社发行部党支部开展了创先争优公开承诺主题活动。交通运输部副部长高宏峰，政法司何建中司长、高强华处长等参加了本次活动。我社党委书记赵冲久、党委副书记杜颖、副社长王振军同时参加。发行部党支部结合图书发行岗位工作特点和党员个人情况，进行了支部和党员的公开承诺，大家对承诺内容进行了点评。高宏峰副部长肯定了发行部党支部此次公开承诺主题活动，鼓励党员干部在完成中心任务中创先争优，立足岗位建功立业，践行承诺率先垂范。

8月30日 新闻出版总署组团前往俄罗斯，参加第23届莫斯科国际书展及“汉语年”活动，国外停留9天。我社派林春江、徐杰同志参加。

9月8日 中央国家机关第三届职工运动会游泳比赛在奥体中心举行。中央国家机关72家单位600余名运动员参加了比赛。交通运输部代表队10名队员参加了21个项目的比赛。我社郭荣在本次比赛中荣获女子55～59岁年龄组50米蛙泳金牌和100米蛙泳银牌。

9月21日 我社进行了2010年度社优秀图书的评选，分别评出：一等奖为土木出版中心申报的《中国隧道及地下工程修建技术》；二等奖为高职出版中心申报的《北京奥运交通丛书》（共8册）、土木出版中心申报的《岩土工程师手册》；三等奖为汽车出版中心申报的《世界主要城市公共交通》、公路出版中心申报的《道路工程材料》（第五版）和高职出版中心申报的《桥梁船撞概率风险评估与措施》；青年编辑优秀图书奖为土木出版中心申报的《土的本构关系》。

9月25日 接交通运输部人劳司通知：赵冲久、戚学林、王振军同志试用期满，考核合格。经部研究，决定赵冲久、戚学林、王振军同志按期转正。

9月26～28日 我社“十二五”战略规划中间报告研讨会在交通运输部管理干部学院召开，社领导、中层干部以及规划编制等人员与会，会议由杨文银社长主持。与会人员充分肯定了规划编制组前一段的工作成就，同时对中间报告整体结构及各章节内容，从论点、论据的错、漏、乱、冗等方面提出了许多意见与建议。规划编制组对这些意见与建议进行了汇总和研讨，准备进一步提炼升华。本次会议的召开，对下一步编制高质量的规划乃至规划的圆满实施都将起到重要作用。

9月 社党委做出公开承诺：紧紧围绕我社改革与发展的中心工作，促进科学发展，抓住转制机遇，以“十二五”规划制订和实施为抓手，制定科学的发展目标，建立高效的工作机制，营造朝气蓬勃的工作氛围，为交通运输行业科学技术和文化发展做贡献。

10月6～10日 第62届法兰克福国际书展举办，谭鸿副社长率我社赵瑞琴、董方、袁新明参加了本次书展，并进行了版权洽谈。

10月13日 召开全社党员大会，党委委员、副社长戚学林为大家讲了一堂题为“讲政治人民至上，求真理实践第一”的党课。党课中谈了一个感想，三个体会；谈反腐败问题时，要党员干部认清腐败的五害，努力做到五慎。

10月14日 社人力部组织召开了薪酬体系优化项目启动暨岗位价值评估专题会，社领导和各部门负责人参加了会议。修订薪酬管理制度是我社的一项重点工作，为切实做好，特聘请了目前国内最大的管理咨询机构——北京正略均策管理咨询公司共同参与制度修订。本次启动会上，杨文银社长首先从战略和管理的层面阐述了薪酬体系优化的重要性和必要性、希望达到的目标。随后，正略均策公司专业人员对薪酬优化项目和岗位价值评估做了技术层面的讲解与介绍。会后，全体到会人员提交了岗位价值评估打分表。

10月20日 在经过广泛征求意见、反复讨论研究的基础上，我社制定了《人民交通出版社转制工作实施方案》，正式上报部出版社体制改革工作领导小组。

10月28日 中国航海学会在大连海事大学召开“《中国水路交通史丛书》编委会筹备工作会议”。出席会议的有来自全国各地的水路交通史编史专家17人，我社谭鸿副社长和综合图书出版中心张征宇主任参加。会议审议通过了编委会的组织机构框架，离休老社长魏启宇被聘为顾问，谭鸿副社长为副主任委员。

10月 我社编辑出版的《中国当代铁路客站设计理论探索》（责任编辑：吴有铭）荣获第三届中华优秀出版物（图书）奖提名奖。该奖由中国出版工作者协会主办，本届有100种图书获优秀出版物（图书）奖提名奖。

11月3日 社召开“十二五”数字出版规划专家咨询会，邀请部分数字出版专家就“十二五”数字出版规划提出建议，会议由戚学林副社长主持。会上，杨文银社长首先代表人民交通出版社向与会专家介绍了我社基本情况，随后信息中心姜占峰主任介绍了“十二五”数字出版规划设想。与会专家着重对数字出版与传统出版的关系、数字出版发展方向、资源建设过程、发展模式和盈利模式等问题提出了很多很好的建议。赵冲久书记、韩敏总编辑及其他有关人员参加了本次会议。

11月16日 我社第十三次团员大会举行，出席大会的团员青年共有42人，听取了顾燏鲁同志代表第十二届团委所作的工作报告，选举产生了第十三届团委会委员9人。新一届团委会选举了团委书记、副书记，并报共青团交通运输部直属机关委员会批准。社党委书记赵冲久、部直属机关团委书记郭均忠出席并讲话。

11月19日 共青团交通运输部直属机关委员会《关于同意人民交通出版社第十三次团员大会选举结果及第十三届团委组成的批复》。同意人民交通出版社第十三届团委由王志浩等9名同志组成。同意赵钒宇同志任书记，曹仁磊同志任副书记，同意其他委员分工。

11月25日 新制订的《社本部职工住房补贴发放管理办法》业经社长办公会议讨论通过，今予印发执行。新办法严格按照国家规定的相关政策，结合我社实际，对发放范围、发放标准及方式、发放程序等均做了详细规定。

12月11日 第19届全国社长、总编年会在京召开，我社杨文银社长参加，并在大会交流发言，题目是《新形势下出版单位面临的法律问题及应对策略》。

12月15日 面向“十二五”的2010～2012年选题规划审定会召开，韩敏总编辑主持，杨文银、赵冲久等社领导、部门中层干部及有关人员参会，会议对各出版中心制订的选题规划进行了审定。经选题规划评审委员评议及无记名投票评审，11个部门所编制的选题规划均获通过。

12月16日 2010年全国出版业网站评选结果在京揭晓，我社网站荣获由中国版协颁发的2010年度“最佳服务网站”奖。

12月20日 中国书刊发行行业协会发布“2010年度全行业优秀畅销品种”评选结果，我社《安全驾驶从这里开始》、《全球车辆图谱》等6种书入选。

12月29日 由中国科普作家协会主办，中国科普研究所、中国科教电影电视协助会协办的首届“中国科普作家协会优秀科普作品奖”颁奖大会在北京中国科技会堂举行。我社出版的《安全驾驶从这里开始》(四册)荣获科普图书优秀奖，王振军副社长代表人民交通出版社领取了获奖证书。

12月30日 在部党组的关心和部各有关司局的大力支持下，我社按照部出版社体制改革工作领导小组的统一部署，积极稳妥开展工作，顺利完成各项既定工作任务，转制工作基本结束。当日向部机关报送了《人民交通出版社转制工作总结报告》。从2011年1月1日起，我社将完全按转制后的企业化管理机制运作。

同日 国家事业单位登记管理局出具证明：人民交通出版社(事证第110000000457号)已在国家事业单位登记管理局办理事业单位法人注销登记，事业单位法人证书正本及副本已收缴。

12月 2010年度国家科学技术学术著作出版基金资助项目评审工作已经结束，我社土木中心申报的《海底隧道工程耐久性技术》、《钢—混凝土组合结构桥》两本专著入选。

同月 接新闻出版总署和北京市新闻出版局通知，我社公路出版中心沈鸿雁同志分别被新闻出版总署、北京市新闻出版局评选为“全国新闻出版行业第二批领军人才”、“2010~2012年度北京市新闻出版行业领军人才”。

同月 韩敏总编辑接受《交通建设与管理》杂志社专访，题目为《书山有路交通架桥——访人民交通出版社总编辑韩敏》。

2011 年

1 月 23 ~ 31 日　第 43 届埃及开罗国际书展举办，新闻出版总署组团前往。我社派翁志新等 4 同志参加。

1 月 24 日　社印发《关于进一步加强对交通宾馆管理的若干意见》。

1 月 25 日　交通运输部李盛霖部长到我社退休编审唐本立家中进行走访慰问，并代表部党组送上新春祝福。李部长高度评价了退休老同志为交通运输事业发展做出的历史贡献，鼓励他们以乐观的心态对待疾病，以顽强的毅力面对生活。我社党委书记赵冲久陪同看望。

1 月 26 日　交通运输部高宏峰副部长主持召开座谈会，对我社等 5 家单位开展创先争优活动情况进行了点评，同时对下一步创先争优活动提出了具体要求。

1 月 30 日　李盛霖部长、高宏峰副部长、政法司何建中司长、办公厅裴万发副主任等一行人到我社，亲切慰问我社职工，并与我社领导、部分中层干部座谈。座谈会上，杨文银社长代表社领导班子汇报我社 2010 年工作情况。李部长、高副部长对我社在生产经营、改革、稳定三个方面所取得的成绩给予了高度肯定，并对我社今后的改革发展提出了指导意见。

1 月　通过部门推荐，社考核委员会考核，并经社长办公会审定，社决定对 2010 年度考核优秀的张斌、李萍等 23 名员工进行表彰。同时公布了 2010 年度中层干部、职能管理部门年度考核的结果。2010 年度全社职工迎难而上，奋力拼搏，扎实工作，全面完成生产经营任务和工作目标，另有部分职工和集体获得了各类奖项。社决定对 2010 年度获奖的个人和集体进行通报表彰。

2 月 21 日　《人民交通出版社纪委 2011 年工作要点》经社党委会讨论通过，当日印发。要点强调，要进一步加强反腐倡廉教育，认真执行党风廉政建设责任制，扎实推进惩治和预防腐败体系建设，不断提高纪检工作科学化水平，是我社"十二五"规划顺利实施的政治保障。

2 月 22 日　社审批通过了交通宾馆报送部关于清理规范中央事业单位退休人员津贴补贴报表及相关材料。

2 月 23 日　《人民交通出版社党委 2011 年工作要点》经社党委会讨论通过，

当日印发。全年工作主要包括六大块:深入开展创先争优活动;推进学习型党组织建设;加强基层组织建设;推进企业文明和文化建设;落实党风廉政责任制和开展庆祝建党90周年活动。

2月28日 人民交通出版社(社本部)第六届职工代表大会第三次会议召开,应到职工代表44人,实到37人,有关人员列席了本次会议。会议审议通过了《人民交通出版社“十二五”战略规划》;审议通过了杨文银社长代表社领导班子做的题为《以科学发展观为统领,再接再厉,努力开创“十二五”发展新局面》工作报告;审议了《2010年财务决算报告和2011年财务预算草案》。

3月3日 由杨文银同志代表社领导班子,在六届三次职代会上所做的《以科学发展观为统领,再接再厉,努力开创“十二五”发展新局面》的社长工作报告,当日印发全社,并要求各部门、各单位结合实际工作认真贯彻执行。

3月8日 社审核通过交通宾馆调整离休人员补贴标准的实施方案。

3月9日 2011年度社重点工作和主要工作安排业经社长办公会审定通过,予以印发。今年共安排社重点工作和主要工作35项,其中社重点工作7项、部门主要工作28项。各项工作均明确了分管社领导,主办部门、协办部门及负责人,并细化了各项工作的标准要求和进度安排,从制度上确保全年重点工作和主要工作保质保量按期完成。

3月11日 当日上午召开了社务会议,动员部署“奋战120天”生产活动。会议由杨文银社长主持,赵冲久书记、谭鸿副社长、韩敏总编辑、王振军副社长及各部门主要负责同志参加。社研究决定在3月1日~6月30日期间开展“奋战120天”生产活动,会议全面部署了期间生产营销活动计划,明确生产和营销保新书、保学历教材的目标,提出“上下左右密切协作、各环节无缝衔接、各部门工作联动”的总体要求。此项活动的开展,对促进生产销售将起到切实作用。

3月18日 新闻出版总署公布了第二届中国出版政府奖评奖结果,我社出版的《边坡与滑坡工程治理》和《中国路谱》两书获科技类提名奖。

4月8日 我社综合业务用房改造工程开工仪式在中交文苑举行。开工仪式由戚学林副社长主持,杨文银社长、谭鸿副社长及工程建设单位有关人员一同参加。杨社长宣布正式开工并致辞，对参与建设的设计、施工、监理单位以及社基建办公室人员提出了具体要求，强调各方要精诚合作，共同努力，确保交付一个精品工程。

4月11日 伦敦书展在EARLSCOURT举办，刁乃杰、智景安等4人代表我社参加了此次展会。根据韩敏总编辑提前布置的任务，参展人员在展会上分发了我社英文版的宣传册，对数字出版、汽车类、地图类图书的国际趋势做了调研，对专业类图书的版权贸易进行了尝试。

4月 我社向长安大学60周年校庆赠送价值31.19万元的图书。

同月 我社向天津铁道职业技术学院60周年校庆赠送价值13万元的图书。

5月5日 “奋战120天”活动中期会议召开，杨文银社长主持，赵冲久等社领导和各部门主要负责人参加。会议总结了1~4月及“奋战120天”活动中编辑、出版、营销、保障等工作的进展情况，分析了各环节中存在的主要问题，对下一步工作提出了具体要求，特别强调了严肃劳动纪律。会议为顺利完成奋战活动起到了鼓劲纠偏的作用。

5月6日 交通运输部直属机关纪念五四运动92周年表彰大会，暨“我为交通运输科学发展作贡献”青年讲坛举行。我社获得“我为交通运输科学发展作贡献”主题征文活动“优秀组织奖”；汽车出版中心顾燏鲁和土木出版中心陈志敏获得第一届“交通运输部直属机关青年五四奖章”；信息中心邓晓磊获得“我为交通运输科学发展作贡献”征文三等奖。

5月22~30日 2011年美国书展举办，新闻出版总署组团前往，我社派韩敏等3同志参加。

5月24日 国家测绘局发《关于批准人民交通出版社换发甲级测绘资质证书的通知》。

5月26日 国家工商行政管理总局向我社发《备案通知书》（国）登记内备字[2011]第108号：经审查，提交的人民交通出版社的投资人备案，章程备案申请，申请材料齐全，符合法定形式，我局决定予以备案。

5月 交通运输部道路运输司组团赴德国培训“城市公共交通管理”，我社何亮同志参加了此次培训。

6 月 15 日　“交通科技信息管理共享平台”在交通运输部科学研究院进行了初步验收。作为共享平台总平台的一个组成部分，由我社承建、同方知网开发的“交通科技图书检索系统”项目已实现共享平台初步设计所有要求具备的功能，具备了试运行的基本条件，顺利通过专家组验收。

6 月 20 日　全国公路水运工程“平安工地”建设推进会在安徽省马鞍山市召开。交通运输部冯正霖副部长到会，并同会议代表一起考察了马鞍山长江大桥建设工地，向一线工人赠送了我社出版的《公路水运工程“平安工地”建设口袋丛书》。

6 月 29 日　社召开庆祝中国共产党成立 90 周年党员大会。会议由党委副书记杜颖主持，党委书记赵冲久做报告。赵书记全面回顾了中国共产党建党 90 年走过的光辉历程和取得的巨大成就，要求全体党员坚定理想信念，自觉履行党员义务，立足岗位创先争优，时刻不忘反腐倡廉。部分年轻党员向大家做了党史学习体会的交流。会议还对 2009 年 7 月以来我社优秀党员、优秀党务工作者、先进基层党组织进行了表彰。

6 月　我社通过中国儿童少年基金会捐赠 52500 元，用于资助全国职业院校技能大赛。

7 月 1 日　由我社自主开发的客户开发关系管理系统主要功能正式上线启用。该系统与出版社 ERP 系统、网上订单系统无缝集成，实现实时数据交换，具有实时监控经销商授信、账期、合同的功能，还有提前提醒，自动计算授信、登记问题客户以及查询等实用功能。客户关系管理系统的成功上线，提高了我社信用管理工作水平，减小了营销风险，标志着出版社对经销商的管理迈上了新台阶。

7 月 14 日　社党委会研究，同意交通宾馆成立党总支委员会和上报的选举结果。

7 月 29 日　我社召开了年中工作会议暨“奋战 120 天”活动总结会，杨文银社长主持会议，赵冲久书记等社领导及全体中层干部参加。会议对“奋战 120 天”活动进行了总结，认为在全社员工共同努力下，活动达到了预期目的，加快了生产进程，促成了上半年经济运行状况趋向好的态势，为实现全年生产经营目标奠定了基础。会议部署了下半年的工作，指出内外不利因素叠加，面临的挑战不少，但积极因素也很多，全社员工应树立实现目标的信心和决心。会议表彰了在“奋战120天”活动中表现突出的印务部等5个部门和王文华等20名职工。

7月 我社向山东省农家书屋办公室赠送价值3万元的图书。

8月11日 社党委发出通知，从当日起，集中一个月时间开展廉政教育月活动，教育对象为本社全体党员和重点岗位工作人员，重点是中层以上领导干部。本次活动的目的是通过廉政教育，让全社党员树立正确的世界观、人生观、价值观和权力观，增强政治立场的坚定性，科学发展的自觉性、廉洁从业的原则性、联系群众的紧密性。

8月22日 我社编制的文件材料归档范围和文书档案保管期限表，经交通运输部档案馆审查，符合国家档案局《机关文件材料归档范围和文书档案保管期限规定》的要求，于当日获得批准。

9月8日 8月19日和当日，社先后两次召开本部退休人员待遇专题会议，社领导及相关部门负责人参加。会议认真分析了退休人员的待遇现状，听取了与离退休党支部及退休人员沟通交流的汇报，针对实际问题及相关政策，慎重研究了解决办法：重申我社执行企业退休制度；对部分与在京出版社同类人员相比，存在退休待遇偏低的退休人员，采用每月加发专项补贴的办法解决；今后一段时间内，单位给退休人员发放的补贴及标准不变；社本部实行企业年金政策后退休的人员，不再执行现退休人员的补贴制度。

9月22日 社邀请北京正略均策管理咨询公司的薪酬专家于立文来社做“企业薪酬知识”讲座。于立文从薪酬概念、发展历程、设计理念等方面，并结合出版业和我社薪酬现状的分析，系统介绍了企业薪酬知识，另对大家普遍关注的岗位价值评估、工资增长机制、工资总额控制等问题，与到会人员进行了交流。之后，谭鸿副社长做了讲话，从中国经济体制的发展大势说起，从经济学理论的角度解读了市场、价格、公平等概念，强调了岗位价值、薪酬体系、劳动关系等现代人力资源管理理念的重要性，以及我社应适应市场，尽快更新观念的必要性。

9月26日 印务公司获得交通运输部内部定点印刷企业资质,此资质为中央国家机关政府采购中心公布。

9月 我社认真落实交通运输部部署,向波兰滨海省首府革但斯克图书馆赠送了一批反映中国交通建设成就和行业核心价值体系、图文并茂的图书,价值近2万元。

10月11日 由中国出版协会科技出版委员会组织的“全国科技出版社法务工作研讨会”,在北京福建大厦召开。会议由科技出版委副主任、人民交通出版社杨文银社长主持,版协领导、法律专家和30个出版单位的领导与法务人员近50人参加了此次会议。会议对各科技出版社经营活动中遇到的法律问题进行了全面总结和探讨,为提高出版活动中的法律意识和解决问题的能力起到了重要作用。

10月20日 交通运输部党组决定,我社赵冲久书记调任到部科技司工作,部人劳司司长陈瑞生于当日来我社,在全社干部大会上宣布了关于赵冲久同志的职务任免决定;部党组成员、副部长高宏峰到会并做讲话。干部大会由杨文银社长主持。

10月 2011年度,我社优秀图书评选活动揭晓:一等奖《公路桥涵设计手册·悬索桥》;二等奖《钢—混凝土组合桥梁》等2种书;三等奖《汽车文化》等4种书;青年编辑优秀图书奖《城市公交安全和应急手册》。

11月20日 由我社牵头的“地方交通史志编撰座谈会”暨“地方交通史志编撰研究协作组成立会”在河南省安阳市召开。河南省交通运输厅朱理平总规划师、安阳市政府崔现华副秘书长、部办公厅档案馆冯守明主任到会并做了讲话;我社韩敏总编辑做了主题发言,谭鸿副社长宣读了《成立地方交通史志编撰研究协作组的倡议书》,举行了“中国交通史志网”的开通仪式。来自北京、河南等十几个省(直辖市、自治区)的交通史志编撰部门负责人参加了会议,并进行了广泛的经验交流。与会人员一致认为,本次大会的召开,必将对推动全国地方交通史志的编写、研究产生积极影响。中国交通报12月1日头版报眼刊登“中国交通史志网”开通的消息。

11月23日 中国交通报专题报道我社“走基层、转作风、改文风”活动开展情况，题目为《小小“口袋书”的魅力——人民交通出版社服务基层纪实》。

11月 中国图书商报企业行动专栏介绍我社“走基层、转作风、改文风”活动开展情况，题目为《人民交通出版社为基层量身定做产品》。

11月24日 国际知名出版机构Wiley出版公司的代表一行3人应邀来我社参观、考察及洽谈版权合作业务。杨文银社长、韩敏总编辑接见了外宾并出席业务洽谈会，参加会议的还有公路、土木等出版中心的负责人。双方在轻松友好的沟通交流中达成了一系列合作意向，均希望建立长期的合作伙伴关系。

11月26日 由中国出版协会、中国新闻出版研究院主办的第五届全国出版业网站年会在京举行，出版业网站年度各项荣誉评选当日揭晓。人民交通出版社网站荣获“新闻出版业网站百强”称号，信息中心姜占峰主任荣获2011年全国新闻出版业网站评选“优秀CIO”称号。中国交通报12月7日报道了我社网站获评“新闻出版业网站百强”的消息。

11月28日 印务公司获得北京市行政事业单位2012年度普通印刷品定点印刷厂资质。

11月 我社人力资源部主任郑文荣同志被交通运输部评为“十一五”交通运输行业干部教育培训工作先进个人。

同月 韩敏总编辑带队参加重庆交通大学60周年校庆，并代表我社向重庆交通大学捐赠价值12万余元的图书。

12月16~18日 为了深刻领会《中共中央关于深化文化体制改革推动社会主义文化大发展大繁荣若干重大问题的决定》的精神，更好地谋划明年及今后更长一段时期我社发展与改革之举措，社召开了以“学《决定》、谋发展”为主题的研讨会，会议由杨文银社长主持，社领导及全体中层干部参加。到会人员交流了学习《决定》的体会，分析了出版业面临的机遇与挑战，探讨了实现社“十二五”规划的方法策略，以及明年我社的编辑出版、营销管理等工作的思路和着力点。会议最后号召全体员工要树立危机意识、责任意识，增强使命感，为建设我社更美好的明天而共同努力。

12月21日 交通运输部在京召开了中国工程建设标准化协会公路分会换届

暨第二届理事会成立大会。在本次大会上，我社韩敏总编辑当选常务理事，标准与规范编辑部李萍主任当选理事。

12月23日 翁孟勇副副长在办公厅、综合规划司领导的陪同下到我社调研慰问。翁副部长听取了杨文银社长代表社领导班子所做的社2011年度工作情况及明年工作初步打算的汇报，仔细询问了出版社发展当中遇到的困难及需部支持解决的问题，对出版社工作所取得的成绩给予了肯定，同时也提醒出版社要居安思危，充分认识新形势下出版业面临的内外挑战，坚定不移地实施“五大战略”(差异化、数字化、多元化、集团化和人才兴社)，对内抓好机制转换，对外抓好市场，积极推进内容与新技术的融合、中长期研究培育与市场推广应用的结合，深入挖掘行业潜能，实现出版社新的发展。

12月 第三届“三个一百”原创图书出版工程评选结果公布，我社《千米级斜拉桥设计关键技术著作书系》、《多年冻土地区公路修筑技术》两种(套)图书入选。中国交通报2012年1月19日报道了我社图书获评“三个一百”原创图书出版工程的消息。

同月 我社《汽车文化》等5种教材获评国家级精品教材。中国交通报12月1日报道了我社教材获评国家级精品教材的消息。

同月 由我社申报的“中国交通运输知识服务数字出版平台”项目被财政部列入2011年度文化产业发展专项资金支持内容，批复建设资金300万元。人民网、中央人民政府网站、交通运输部网站、中国交通报、辽宁省人民政府网站等中央、行业、地方媒体纷纷报道“中国交通运输知识服务数字出版平台”项目获得中央财政资金支持的消息。

同月 新闻出版总署组织中国出版代表团，前往澳大利亚、新西兰参加2011年“中文书刊巡回展览”。我社派孙玺同志参加。

同月 由中国书刊发行业协会主办的“2011年度全行业优秀畅销品种”评选活动揭晓。我社出版的《一线工人必读》等6种图书榜上有名。

2012年

1月13日 社举办喜迎新春团拜会，社本部117名职工参加。杨文银社长做了热情洋溢的致词，社领导班子成员走到职工中间，向大家一年来的辛苦劳作表示敬意和感谢。

1月16日 部人劳司同志来我社，对社领导班子及成员进行年度考核。杨文银社长代表领导班子进行了述职，并报告了我社干部选拔任用情况。最后，按照上级机关的要求，与会人员对领导班子成员、我社干部选拔任用情况进行了测评打分。

1月17日 由中国地方志学会、上海市地方志学会、上海市地方志办公室、交通运输部救捞局等单位的16位专家组成的评审委员会，在上海召开会议，对编写历时5年，长达百万字的《中国救捞志》（送审稿）进行了认真审核。我社谭鸿副社长作为专家应邀参加了会议，并对该书稿的编纂意义、文风、体例、保密审查、照片选用等方面提出了修改意见。会议对书稿质量的全面提升起了重要作用。

1月30日 《中共人民交通出版社委员会党务公开实施办法（试行）》印发。该《办法》包括：指导思想，党务公开的内容、程度和方式，组织领导等内容；并附"党务公开基本目录"、"党务公开信息申请表"等附件。

1月 交通运输部党组书记、部长李盛霖为已通过专家委员会评审的《中国救捞志》（书稿）作序，盛赞该书的编纂完成生动展示了交通文化建设重要成果。部救捞局领导已决定《中国救捞志》（书稿）在充分吸收专家意见并修改后，将于2月底前交由人民交通出版社正式出版。

同月 中国书刊发行业协会组织年度优秀畅销书评选活动，我社出版的《一线工人必读》、《安全与节能驾驶读本》等6种图书被评为"2011年度全行业优秀畅销品种"。

2月9日 向部政策法规司呈报并转新闻出版总署备案，我社拟出版由中国救捞协会组织编写的《中国救捞志》。

2月13日 社党委、纪委、工会、团委2012年工作要点当日印发。

2月14日 社发《关于表彰2011年度考核优秀人员的通知》，对郑文荣等23名同志进行了通报表彰。

2月15日 社发《关于公布"2010～2011年度优秀图书营销人员"评选结果

的通知》。刘建荣、施韵玥被评选为本年度的优秀图书营销员，曹延鹏被评为本年度的优秀图书宣传推广员。

2月22日 《社本部薪酬管理制度<征求意见稿>》起草工作历时一年有余，在专业薪酬管理咨询公司设计参与下已基本完成，为了便于大家理解其内容，当日召开了“《社本部薪酬管理制度<征求意见稿>》说明会”，由社人力部主任郑文荣主讲，杨文银社长、谭鸿副社长出席会议并讲话，各部门干部职工100多人参会听讲。

2月23日 人民交通出版社中层以上干部大会召开，会议由部党组成员、部政法司司长何建中主持，部人劳司副司长刘书斌宣读了部党组和部关于任永民同志担任人民交通出版社党委书记、副社长的决定。部党组成员、副部长高宏峰在会上做了重要讲话，对本次领导班子调整做了说明，充分肯定了出版社近几年工作取得的成绩，对全社下一步工作提出了具体要求。

同日 副部长高宏峰，政法司司长何建中，人劳司副司长刘书斌一行，视察了我社中交文苑综合业务用房改造工程建设工地，杨文银社长、戚学林副社长陪同视察。高副部长要求高度重视安全问题，不可有丝毫放松；合理安排工期，确保工程质量；严格资金使用，控制好工程预算；另对工程装修定位、竣工后的使用安排等提出了要求。

2月24日 向部政策法规司呈报了《“十二五”国家重点图书出版规划执行和调整情况的函》，对已入选的八个项目进行了检查，填写了相关表格，同时将《大跨度桥梁抗风丛书》等十个符合条件的选题作为增补选题上报。请审核后报送新闻出版总署出版管理司。

2月27日 由我社出版发行的，中国救捞行业有史以来的第一部专志——《中国救捞志》首发式在交通运输部新闻发布厅举行，部救捞局宋家慧局长、部政法司副司长朱伽林、人民交通出版社谭鸿副社长一起向人民日报、中央电视台、经济日报、光明日报等二十多家媒体记者赠送《中国救捞志》样书。首发式后，冯正霖副部长、徐祖远副部长和政策法规司司长何建中一起，与全体编撰人员和媒体记者见面，向《中国救捞志》的出版发行表示祝贺。

2月29日 亚马逊中国图书内容总监杨文胜先生一行来我社进行业务洽谈。韩敏总编辑向对方的来访表示欢迎,并介绍了我社基本情况以及数字出版业务发展情况。杨文胜总监介绍了亚马逊公司、亚马逊中国的电子书业务。双方均表示希望建立合作关系,相互学习、互利互惠。具体合作事宜将进一步磋商。

同日 2011年度,全社员工迎难而上,奋力拼搏,全面完成了生产经营任务和工作目标,同时还有部分集体和个人在社外获得了奖项,为社争了光。社决定并发出通知,对2011年度获得社外奖项和荣誉的集体、个人进行通报表彰。

3月1日 我社新任党委书记任永民同志在戚学林副社长陪同下,检查了中交文苑综合业务用房改造工程建设工地,同施工单位、监理单位的负责同志进行了座谈,并看望了我社在中交文苑工作的员工。

3月2日 《中国水路交通史丛书》编写会在北京召开,中国航海学会,部水运司、科技司、国际合作司,《丛书》规划书目主编、副主编单位的负责同志出席了会议,我社谭鸿副社长和韩敏总编辑参会。在大会发言中,谭副社长表示将坚决按部政策法规司的要求,积极承担《丛书》编辑委员会的工作和出版发行工作,全力做好这项服务当代、垂鉴后世的水路交通文化建设工程。《丛书》将在2014年10月1日前完成,向建国65周年献礼。

3月7日 我社拟出版《中国汽车工业企事业单位信息大全(2012版)》。根据新闻出版总署相关要求,特将有关资料呈送部政策法规司转报新闻出版总署出版管理司备案。

3月8日 我社通过了中国联通“沃阅读”业务内容招募资格评审,正式成为中国联通的合作CP,这将为我社通过与移动运营商的合作在移动终端推送优质内容,发展移动阅读业务创造良好的介入机会。

3月9日 社召开了数字出版工作会议,韩敏总编辑主持,杨文银社长做总结发言。任永民等其他社领导,生产部、市场部、公路中心等部门主要负责人参加。会议通报了当前数字出版发展态势,对2011年数字出版工作进行了总结,对存在的问题进行了分析,研究了对策,布置了2012年的数字出版工作。

3月23日 我社取得由国家测绘地理信息局批准的互联网地图服务甲级资

质，可以从事包括地图搜索、位置服务，地理信息标注服务，地图下载、复制服务，地图发送、引用服务等四大类行为。

3月29日 我社第六届职工代表大会第四次会议召开，实到45名代表，无缺席代表。会议由党委副书记、工会主席杜颖主持，听取、审议了杨文银社长代表社领导班子所做的题为《稳中求进，以优异成绩迎接建社60周年》的工作报告；听取了谭鸿副社长所做的《人民交通出版社本部薪酬管理制度起草说明》，审议了《2011年财务决算报告和2012年财务预算草案》；党委书记任永民进行了大会总结。大会充分肯定了《社长工作报告》，认为可做指导全年工作的纲领。审议、表决《薪酬管理制度》是本次职代会的亮点，代表们对该制度给予肯定的同时，也提出了完善修改的建议。大会以无记名投票方式，对《薪酬管理制度》进行了表决，发出表决票45张，收回45张，其中同意票43张，通过了该制度。

3月 全社各支部和全体共产党员对十八大代表候选人预备人选和中央国家机关党代会代表进行了第一轮推荐。

4月1日 《人民交通出版社社本部薪酬管理制度》经第六届职工代表大会第四次全体会议讨论并表决通过，当日印发，自2012年5月1日起正式实施。

4月9日 《社本部2012年机构、职能、岗位调整方案》经社重大事项决策会议讨论通过，当日印发。该《方案》围绕调整目标，机构、职能的调整与强化，岗位及其职责，任职资格和薪酬等内容制订，并附了"部门(公司)主要职责和编制一览表"。

4月12日 社召开中层干部上岗动员大会。人力资源部郑文荣主任宣读了《社本部中层干部选拔聘用办法》、《2012年中层干部竞争上岗实施方案》，并就上述方案适用范围、任职资格等十个方面问题做了说明。党委书记任永民在动员中鼓励广大员工积极参加竞争，强调了新形势下竞争上岗的重要意义，辩证地讲解了竞争与团结、"进"与"不进"、组织需要与个人意愿等关系。

本次中层干部竞争上岗共有58人报名，竞争22个部门的38个中层岗位。58人通过了资格审查，其中13人符合《实施方案》有关规定，不参加竞争演讲。

同日 《人民交通出版社社本部中层干部选拔聘用办法》、《人民交通出版社

2012 年中层干部竞争上岗实施方案》业经社党委会讨论通过，并报部人劳司批准，当日印发实施。这两份文件是我社即将开展的中层干部竞聘、选拔、聘用等工作的重要依据。

4 月 18 日 新闻出版总署出版管理司复函交通运输部政策法规司：同意人民交通出版社开展地理科目中小学教辅材料出版业务。

同日 根据《社本部中层干部选拔聘用办法》和《2012 年中层干部竞争上岗实施方案》的有关规定，45 名竞争者依次上台，演讲自己的岗位追求、工作设想及“施政”理念等内容。社领导和员工代表对每位竞聘者进行了民主测评和推荐。

4 月 19 日 根据《聘用办法》和《实施方案》，社党委研究确定了考察人选，对 24 人进行了组织考察。待研究确定了拟聘方案后，还需报部人劳司同意。

4 月 25 日 《2012 年职工双向选择实施方案》当日印发。《方案》对职工双选的基本原则、范围与条件、岗位数、实施步骤、时间安排等事项做了较明确的规定，并有“2012 年双选岗位一览表、岗位说明书”等附件。

4 月 26 日 社党委公布了首批聘用的张斌等 24 名中层干部名单，并对尤晓玮等 14 名拟提拔的中层干部进行了公示。此次中层干部聘期从 2012 年 6 月起至 2017 年 4 月止。

同日 根据干部管理规定和工作需要，经社党委会研究并请示上级同意，决定任命蒋明耀同志为党群工作部（纪检监察室、离退办）主任，任期从 2012 年 6 月起至 2017 年 4 月止。

5 月 3 日 社党委公布了第二批受聘的林春江等 13 名中层干部名单，这批中层干部均有一年试用期，聘期同第一批。

5 月 7 日 根据《2012 年职工双向选择实施方案》规定的程序，各部门（公司）已完成首轮双选工作，对双选结果社长办公会议和各公司董事会分别予以认定，并于当日公布。

5 月 14 日 职工的第二轮双选结果已经社、公司董事长认定，当日公布。

5 月 15 日 2012 年度社重点工作和主要工作安排业经社长办公会议审定通过，当日印发。全年共安排社重点工作 10 项，部门主要工作 30 项，各项工作均明确了分管社领导、主办部门、协办部门及具体负责人。

同日 根据中央纪委、监察部相关文件的精神，为确保我社廉政风险防控工作扎实推进，成立了以任永民为组长、杜颖为副组长、蒋明耀等9名成员组成的人民交通出版社廉政风险防控工作领导小组。

5月21日 为充分调动各部门工作积极性，顺利完成今年的各项目标任务，促进全社的可持续发展，杨文银社长与各部门责任人签订了2012年度目标考核责任书。

5月22日 社对通过竞争上岗的38位新一届中层干部进行了集体廉政谈话。党委书记任永民，社长杨文银，党委副书记、纪委书记杜颖出席了会议。任永民书记在谈话中要求干部把加强思想教育作为保持党的纯洁性的根本途径；把领导带头作为保持党的纯洁性的关键之举；守住行为底线，保持清正廉洁。会上，任书记与中层干部逐一签订了反腐败和廉政建设“一岗双责”责任书，还播放了廉政警示教育片。杨社长也对新一届中层干部提出了殷切希望和要求，强调全体干部要增强四种意识（大局、责任、忧患、规则），五种能力（宏观思维、组织协调、处理问题、开拓创新、语言文字表达），保证“十二五”目标的实现。会上，杨社长向新一届中层干部颁发了聘书。

5月24日 部直属机关党委副书记、纪委副书记张双喜一行人来我社检查指导廉政风险防控工作。我社任永民书记，杜颖副书记汇报了近期廉政风险防控工作推进情况和下一步工作计划。

5月25日 社党委发出通知，为进一步加强党员干部的党性修养和作风建设，增强领导干部廉洁自律意识，做好保持党的纯洁性各项工作，决定6月份集中1个月时间，开展廉政教育月活动。

5月31日 《〈人民交通出版社经销商管理办法〉实施细则》当日印发。该细则共十四条，对经销商开户、签订协议、经济担保、供货折扣等内容，均做了详细规定。

6月5日 社党委中心组集体学习了温家宝总理在国务院第五次廉政工作会议上的讲话，传达了有关文件精神。学习中，任永民书记强调要加强政治纪律，与党中央保持高度一致;加强廉政教育,关注反腐败中出现的新问题。杨文银社长提出:1.领导班子要带头艰苦奋斗;2.加强教育,提高反腐倡廉意识;3.抓好规章制度的"废、改、立"工作。杜颖副书记谈了从深化反腐倡廉教育、加强队伍建设、构建防控体系等方面抓住结合点,全面贯彻落实温总理讲话精神的重要意义。领导班子其他成员结合学习,对集中采购、车辆使用等问题提出了建议。

同日 社召开"大安全"、"文化大发展"专项选题工作会议,韩敏总编辑主持,各出版中心负责人参加。参会人员围绕"大安全"、"文化大发展"专项选题的扩展、开发及社会需求,以及现有资源储备等问题展开了广泛的讨论。韩敏总编辑就各中心负责人汇报、交流的情况,对下一步工作提出了具体意见和要求。此次会议,韩总编对我社数字出版工作、2013年度国家出版基金项目申报等事宜做了具体布置。

6月6日 经社长办公会审议,决定调高编辑加工费、复审费、终审费的标准,从今年6月10日起实施。

6月8日 第二届全国网络编辑技能竞赛颁奖典礼在北京举行,新闻出版总署、中国编辑学会等部门领导和专家出席并讲话。我社数字出版中心选报的"农村公路知识服务平台"经过初赛、选拔赛的角逐,最终进入全国总决赛,并在此次典礼上,荣获竞赛组委会颁发的"最佳创意奖"。

6月14日 全社党员集中上廉政党课,任永民书记做了题为《遵守国家财经纪律,严格治理"小金库",促进企业健康发展》的专题报告。报告结合实例,讲解了"小金库"的概念、表现、特点、危害,强调了遵守国家财经纪律。建立健全内控制度、强化内控管理监督手段的重要性。要求党员、干部进一步提高反腐倡廉意识,保持清醒头脑,不存侥幸心理,保证企业健康发展和个人健康成长。

6月9~18日 中国出版协会组织赴美国考察学习出版培训班,我社陈志敏等2同志参加。

6月19日 谭鸿副社长撰写的"因为真实,所以有力——品读李良君先生《感动自己》有感"书评文章,在当日《中国交通报》发表。

6月25~26日 2012年中国海员大会在上海召开,我社应邀参加航海图书文化展，共展出各类船员培训和航海图书120余种。25日上午徐祖远副部长在部海事局领导的陪同下，参观了我社展出的各类图书。谭鸿副社长向徐副部长简要汇报了我社水运图书出版发行的情况。参观后，徐祖远副部长对我社多年来为中国航海教育和船员培训方面所做的贡献给予了积极评价，肯定了《中国船员培训机构》系列画册，并希望对其中的内容及时更新，为中国船员提供及时准确的资讯。

6月29日 杨文银社长、戚学林副社长和基建办有关同志，专程到中交文苑工地检查我社综合业务用房改造工程进展情况。杨社长逐层查看了室内装修，详细了解了各工作的布置，并结合装修定位和使用功能提出了改进意见，同时要求统筹、超前考虑大门、绿化、道路、停车、各类管线事宜；实地踏勘了工程外线，对外线设计方案的原则、基本要求和功能分区做了明确指示。杨社长、戚副社长还一同检查了正在进行的档案搬迁工作。

同日 为营造60周年社庆氛围，增强经销商对“社店一家”的认同感，表彰先进，我社启动了“人民交通出版社建社60周年60家金牌经销商”评选活动，将评出我社60家金牌经销商。经各销售部门推荐、社组织评选，北京兴通交通书店、南京交通书店等60家经销商被评为“人民交通出版社建立60周年60家金牌经销商”。此项评选活动，是我社迎接建社60周年开展的“泽流及远，千里思源”主题社庆系列营销活动之一，旨在营造60周年社庆氛围，增强经销商“社店一家”的认同感，表彰先进。

6月 全社开展了内容丰富的廉政教育月活动。党委中心组集体学习了有关文件；全社党员集中上廉政党课；组织中层干部集体廉政谈话；对综合业务用房改造工程的招投标工作进行了检查，对“挂靠借用资质投标、违规出借资质问题”进行了专项排查；对社庆纪念活动安排进行了审核，控制了预算，强调了“传承、务实、欢快、节俭”的主基调。

同月 社本部各支部完成了换届选举，产生了新的支部书记、副书记和支部委员，社党委批复了各支部的选举结果。

同月 接新闻出版总署通知，确认我社于2011年12月底申报的“交通运输科技人才数字化学习平台”项目顺利通过了新闻出版总署出版产业发展司的审批，被批准为新闻出版改革发展项目库入库项目。

7月2~6日 为更好地普及数字出版知识，促进我社数字出版业务的发展，人力部在与各编辑部门、数字中心沟通基础上，特委托北京印刷学院协助，举办了为期一周的数字出版专题培训班。培训课程由印刷学院新闻出版学院设计，内容包括数字出版的基础理论、研发与应用研究、编辑实务、营销、案例五个方面。本次培训得到社领导大力支持，采用了全脱产培训方式，共有17名员工参加，部分课程讲授时，听课人员达30多人。参训人员普遍反映效果良好，受益匪浅。

7月3日 为协助总编辑更好地开展专业图书选题规划审定、重点选题组织实施、图书质量控制、编辑培养等工作，根据符合条件人员自愿报名情况，经社党委会研究决定，社长聘任卢仲贤、白峤、刘继辉3位中层干部为兼职副总编辑。聘期从2012年7月起至2017年4月止。

7月11日 经社党委研究决定：任命武君同志为北京交通宾馆党总支书记（试用期一年）；聘任孟建君同志为北京交通宾馆副总经理（试用期一年）。免去杨宪卿同志北京交通宾馆总支书记职务；免去武君同志北京交通宾馆党总支副书记职务。

7月12日 《中国船闸通航史》首次编写工作会议在南京市召开，讨论了该书的编写领导模式和组织机构、工作计划，明确了编写方式和总体原则等问题。我社交通史志编辑部派员参加。此次会议的召开，标志着《中国船闸通航史》编写工作正式启动。

7月20日 交通运输部直属机关第一届职工运动会“船级社杯”游泳比赛在交干院举行。14支代表队130余名运动员参赛。经过激烈角逐，我社张新分别获男子45~49岁组50米、100米蛙泳第一名；张金利分别获男子50米、100米蛙泳第二名；白静获得30~39岁组50米蛙泳第二名；崔晓虹、葛文彦、张晶、郭敏等人获得不同类别的名次。我社以35分总成绩获团体第五名。

7月26日 社召开年中工作会议，总结上半年工作，部署下半年工作。会议由杨文银社长主持，任永民书记等社领导及全体中层干部参加。会上，韩敏总编辑、王振军副社长分别对我社上半年的编辑出版和营销工作做了总结，对下半年工作进行了部署；戚学林副社长介绍了今年以来数字出版的进展情况，对后续工作重点进行了布置；谭鸿副社长对全社重点工作和部门主要工作的推进情况进行了点评，并就下半年的工作提出了明确要求。最后，任书记围绕迎接"十八大"的召开，对全社党建工作及干部管理工作做了安排，杜颖副书记就社庆筹备工作进行了布置。

7月 我社与国家邮政局签订了邮政行业标准出版一揽子合同。按照合同规定，我社接受国家邮政局委托，负责出版发行2012～2015年度发布的全部邮政行业标准。

8月6～15日 新闻出版总署组织中国出版代表团前往巴西参加2012年巴西圣保罗国际图书双年展。我社戚学林副社长随团参加。

8月20日 交通运输部召开创先争优总结表彰大会，对部直属机关10个创先争优先进基层党组织和10名优秀共产党员进行了表彰。我社发行党支部获得创先争优先进基层党组织称号。

8月27日 全社召开中层以上干部大会，部党组成员、副部长高宏峰亲自参加。会议由部党组成员、部政法司司长何建中主持，部人劳司陈瑞生司长代表部党组宣读关于社领导班子调整决定：朱伽林任人民交通出版社社长兼党委副书记，王宏图任社党委副书记、兼纪委书记；免去杨文银社长兼党委副书记、杜颖社党委副书记兼纪委书记职务，另行安排工作。高副部长对本次社领导班子的调整做了说明，并对新领导班子建设提出两点希望和要求：一要保持清醒政治头脑，牢牢把握正确的出版导向，切实担负起为行业服务的责任；二要进一步改革创新，着力构建符合现代出版特点的体制机构，努力推动出版社各项事业又好又快发展。

8月 "中国出版产业发展风采"主题邮票图片素材征集活动由中国集邮博物馆主办，旨在迎接党的十八大胜利召开。我社精选了《中国交通运输60年》、《中国交通运输改革开放30年》、《中国救捞志》等反映中国交通建设成就的重点出版物作为素材，向中国集邮博物馆报送。

同月 根据新闻出版总署公布调整后的"十二五"国家重点图书出版计划，我社共有《交通运输建设科技丛书》、《现代钢桥》等12种(套)出版物入选国家出版计划。

9月3日 朱伽林社长、任永民书记、戚学林副社长在社基建办公室有关同志的陪同下，到中交文苑工地检查了我社综合业务用房改造工程进展情况。朱社长、任书记详细了解了大院平面布置和功能分区，逐楼逐层仔细察看了室内装修质量，检查了大院外线施工情况，并与施工总包单位及监理负责人进行了座谈。

9月6日 因人员调动等原因，社决定将社庆筹备工作领导小组成员及各工作组人员做相应调整，调整后筹备工作领导小组组长为谭鸿，副组长为王宏图，成员有张斌等4名同志；工作组人员也做了调整与充实。

9月8~10日 《中国公路学报》第五届编辑委员会会议在河北省石家庄召开。会上，我社韩敏总编辑被聘请为该届编委会委员。

9月11日 朱伽林社长、任永民书记、王宏图副书记到印务公司指导工作，并与印务公司领导班子成员进行了座谈。朱社长要求公司一定要将稳定工作放在首位，做到实处，特别是国庆和"十八大"期间，不能发生任何事故；要把公司的主营业务做好，保持连续性；质量工作要认真抓好，各种机器设备要保养好，维修好，确保生产工作的顺利开展。任书记对印务公司今后的工作也提出了指导性意见。

同日 为有利于社领导进行工作协调，沟通情况，提高会议质量和工作效率，特制定了《社领导周工作碰头会制度》，于当日印发。该《制度》对参会人员、会议内容、会议规则等均做了明确规定。

9月12日 《中国交通报》头版报道了"交通运输建设科技丛书开始出版"的消息。另刊登了《交通运输企业安全生产标准化考评丛书》由我社公开出版发行的消息，该书由时任交通运输部部长、部安委会主任李盛霖作序，交通运输部安全监督司组织编写。

9月15~20日 科技七社营销论坛在甘肃省兰州市举办。本届论坛围绕"数字出版和网络销售冲击下，社店如何紧密合作，开展科技类图书的销售工作"这一主题进行。七社分管销售工作的社领导、发行部主任，全国25个省、自治区、直辖市新华书店及主要城市大型书城的相关领导共75位代表参加。我社王振军副社长到会并做交流发言。

9 月 17 日　根据人员变动情况及工作需要,经社研究,决定对社部分议事协调机构组成员进行调整,并将调整后的名单通知了社内各部门公司。

9 月 20 日　在我社 60 周年社庆即将来临之际,为感谢广大读者长期以来的支持与相伴,我社联合全国各地经销商开展了为期60 天的"人民交通出版社 60 周年精品图书/教材展销"活动。

9 月 25 ~26 日　朱伽林社长与韩敏总编辑带队参加全国交通运输法制工作会议,随行人员有孙玺、文中等部门主任。会议期间,为做好由交通运输部组织编写、由我社出版的《交通运输行政执法人员培训教材》的发行工作,朱伽林社长与各省厅法制部门负责人及相关领导沟通交流执法人员培训情况,分发有关材料,为下一步的教材发行工作打下了良好基础。

9 月 27 日　社团委组织了以"月圆家园,温暖迎新"为主题的"中秋聚会暨迎接新员工晚会"。党委书记任永民、副书记王宏图,党群部蒋明耀主任出席了活动,与 40 多位团员青年一起感受青春活力,共享佳节温暖。

9 月　为加强我社图书宣传推荐,促进版权输出,人民交通出版社 2012 年版权目录(英文版)完成制作,并上传国家版权交易网(网址:http://www.copyright-mall.com 和版客网(网址:http://www.inbooker.com/zh)。本期版权目录入选图书由各编辑部门自选,经韩敏总编辑审定,均为我社近年来出版的重点图书。

10 月 9 ~21 日　德国法兰克福举办 2012 年国际书展,我社张大勇等4 同志参加。

10 月 10 日　部政策法规司正式批复我社请示,决定由朱伽林社长出任《中国水路交通史丛书》编辑委员会主任。

10 月 12 日　交通运输部党组书记、部长杨传堂在部办公厅主任杨咏等领导同志的陪同下,到我社调研工作并看望、慰问干部职工。任永民书记、朱伽林社长向杨部长简要介绍了出版社的基本情况,汇报了近期工作和下一步的安排。杨部长对我社在交通运输行业知识传播、技术普及、文化建设、人才培养、成就宣传、便利公众出行等方面取得的成绩,在服务中国交通运输事业又好又快发展中所做的特殊贡献给予了充分肯定。杨部长要求交通出版社要在交通运输业的科学发展、安全保障中有新作为、新成效、新发展,再创出版社新的辉煌。一是要坚持正确的出版方向,按照科学发展观的要求,着力宣传展示交通运输行业建设成果;二是要在出版数量与质量上有新的提高,多创精品,多出精品;三是新的领导班子要有新的作为,要利用文化大繁荣、大发展和进一步转制的东风,把出版社的各项工作推向新的高度;四是要注重人才强社,培养储备好人才,用好人才;五是要优化经营环境,强化与社会广泛的联系。随后,杨部长参观了我社展示的近年出版的精品图书,并与全社中层干部合影留念。

10 月 17 日 2012 年度社优秀图书已按规定程序评选结束,经社审核同意,当日将评选结果公布。一等奖:《公路隧道设计手册》(1 种);二等奖:《有限元极限分析法及其在边坡中的应用》等(2 种);三等奖:《青藏铁路冻土环境和冻土工程》等(4 种);优秀社版教材奖:《汽车发动机原理》(1 种);青年编辑优秀图书奖:《现代隧道施工通风技术》(1 种)。

同日 为了有效执行《人民交通出版社社本部薪酬管理制度》,更好地突出激励导向,建立公平公正的员工岗位工资积分晋档正常运作机制和标准,社长办公会议审议通过了《岗位工资积分细则》,于当日印发实施。本细则分目标、原则、适用范围、积分标准、积分规则、积分认定程序和办法、积分管理与调资流程等条款,并附带了《岗位工资积分标准表》、《积分认定申请表》和《积分认定指定刊物表》。

10 月 17 ~ 19 日 我社举办了为期三天的"党支部书记培训班"。社党委书记任永民同支部书记一起,共同学习了胡锦涛总书记在省部级主要领导干部专题研讨班上的讲话;党委副书记王宏图做了"如何当好支部书记"专题讲座。培训班为每位参班人员发放了教材——《党支部工作实用手册》;介绍了先进基层党支部"共建共享"、"一线激励"工作法等经验;讲解了党员发展工作基本程序;观看了党内教育专题片《苏联亡党亡国 20 年祭》;参观了古北口抗日战争纪念馆。这次培训班,为支部书记进一步提高政治理论水平,增强做好支部工作的能力,加强基层党组织建设起到了很好的指导作用。

10 月 23 日 朱伽林社长、任永民书记、谭鸿副社长、韩敏总编辑及综合出版中心张征宇主任专程拜访了湖北省人大常委会林志慧副主任,就《先行——湖北交通科学发展实践与思考》编撰、出版等事宜与林志慧副主任及该书编辑组同志进行了充分商讨。就该书的修改、完善，我社从出版专业的要求，提出了具体意见。最终确定由谭副社长亲自对书稿进行修改，经林志慧副主任审定后交由我社出版。

10月26日 水运出版中心举办“选题策划研讨会”，朱伽林社长到会指导，部科技司司长赵冲久、部水运局副局长李宏印参加研讨，谭鸿副社长也到会听取专家意见。

10月30日 朱伽林社长带队走访了交通运输部管理干部学院，与庞松书记、孙玉清院长共商战略合作事宜。双方在合作内容、合作机制、合作方式等方面达成诸多共识，并决定尽快签署战略合作协议。谭鸿、韩敏、王宏图、戚学林、王振军及部分中层干部参加了走访座谈。

10月 为营造60周年社庆氛围，答谢终端用户，我社决定在社庆60周年到来之际，资助十几所边远少数民族地区院校，为每所院校赠送价值5万元的图书。

11月1日 朱伽林社长带队走访了交通运输部科学研究院，与李作敏院长、王晓曼书记共商“优势互补、互利共赢、共同发展”的合作战略。我社任永民书记等其他社领导和部分中层干部参加了走访、座谈。

11月6日 驻部纪检组组长、部党组成员李建波在部机关接待了朱伽林社长、任永民书记、韩敏总编辑和王宏图副书记。李建波组长在听取朱伽林社长简要汇报后，对我社工作给予了肯定。并对今后工作提出了要求，强调要增强大局意识、服务意识、精品意识、人才意识，认真学习贯彻党的十八大精神，贯彻落实杨部长的指示要求，推动出版社的全面发展。

11月8日 党的十八大胜利召开。社党委按照上级党组织的安排，组织全体党员收看收听大会开幕式，聆听胡锦涛总书记报告。任永民、朱伽林、谭鸿、韩敏、王宏图、戚学林、王振军等与党员一起收看收听。

同日 朱伽林社长带领全体班子成员及地图出版中心、道路运输出版中心主任走访中国交通通信信息中心，就共同开发地理信息资源等事宜进行了认真探讨。中国交通通信信息中心党委书记丘建华、主任曹德胜与我社领导班子进行了座谈。

同日 朱伽林、任永民、韩敏、王宏图、戚学林、王振军等社领导赴中国交通报社，就加强双方在服务部党组中心工作，推进交通运输文化建设中，努力实现宣传、渠道、资源共享，以及项目申报等方面合作，与周世旺、李咏梅、韩世铁等报社领导进行了座谈、交流。双方就建立战略合作关系达成重要共识。市场部、生产部、综合出版中心相关人员随行。

11月10日 中国书刊发行业协会科技工作者发行委员会20年表彰大会暨第五届换届大会在金盾出版社举行，王振军副社长，市场部、发行部相关人员参加会议。会议表决通过了新一届委员会组成人员，对20年来为科技图书发行管理工作做出杰出贡献和突出贡献的同志进行表彰。我社刁乃杰、李贵新、张敏获得突出贡献奖。

11月12日 交通运输部杨传堂部长签署意见，同意我社12月8日举办60周年社庆纪念活动。此前，高宏峰副部长、何建中党组成员也签署了同意我社开展60周年纪念活动的意见。

11月17~18日 社党委组织召开了党委中心组学习扩大会，集中学习传达了党的十八大精神，共同谋划出版社未来的发展。全体中层以上干部参加。党委书记任永民传达了十八大盛况、胡锦涛总书记工作报告的主要精神、党章修改情况等。各位社领导和23位中层干部结合十八大精神，谈了各自的学习体会和认识，对明年的工作提出了新思路、新部署和新建议。朱伽林社长作了题为《奋进中发展——人民交通出版社》的专题发言，结合党中央从十五届五中全会到十八大有关文化发展的重要论述，从文化产业规模化、集约化、专业化和经营性文化产业法人治理结构、现代企业制度建设的角度，思考和描绘了人民交通出版社的发展蓝图。朱伽林社长还结合学习贯彻十八大精神，从明年重点工作、人才培养和优化机构、长远思考、提高形象品牌等六个方面提出了意见和建议，并进行了工作部署。

任永民书记对学习贯彻十八大精神提出了具体要求，强调要把认真学习宣传和全面贯彻落实党的十八大精神，作为当前和今后一个时期的首要政治任务，要以党委中心组学习为引领，组织全体党员认真学习贯彻，把思想统一到党的十八大精神上来，把力量凝聚到实现党的十八大确定的各项任务上来。各支部要制订学习计划，通过学习深刻领会十八大报告的精神实质，加深对党的十八大提出的一系列新思想、新观点、新论断的理解。要学习新党章，遵守新党章，维护新党章。要用十八大报告武装头脑，引领工作，加强基层党支部建设，加强人才队伍建设，加强党风廉政建设，加强企业文化建设。积极发挥基层党支部战斗堡垒和党员模范带头作用，牢牢抓住文化大发展大繁荣带来的机遇，促进出版社的快速发展，为交通文化的大发展大繁荣做出新的贡献。

11月29日 交通运输部政法司批准同意部政府网站在线访谈朱伽林社长，主题为《紧紧依托行业和服务行业　再创交通出版新辉煌》，并定于12月3日与部机关大厅人民交通出版社成立60周年成就展同步举行。

同日 谭鸿副社长组织召开社信息化建设领导小组成立后的第一次会议。会议对全新改版后的社门户网站、社官方微博和部政府网站首页交通图书栏目进行验收，并审议通过了《社网站二级栏目发布内容、职责与要求》。交通运输部有关部门已经同意12月3日交通图书栏目在部政府网站首页与社会公众见面。会议安排全新改版后的社门户网站、社官方微博也在同一天与公众见面。

11月30日 我社向财政部申报的"交通运输科技人才数字化学习平台"项目获批，中央文化产业发展专项资金支持该项目补贴资金500万元。该项目面向交通科技人才队伍，积聚、整合交通科技教育资源，搭建数字化学习平台，为交通运输行业科技领域的各类人才培养提供支持。

同日 我社60周年社庆前夕，交通运输部徐祖远副部长莅临我社考察指导工作。朱伽林社长向徐副部长汇报了我社60年的发展历程，以及"十二五"后三年的主要工作思路。任永民书记汇报了社党委认真抓好十八大精神学习贯彻的重要举措，谭鸿、韩敏、王宏图、戚学林、王振军向徐副部长报告了各自分管的工作。徐祖远充分肯定新班子组成以来的工作成绩。他要求社领导班子要坚持企业宗旨，瞄准追求卓越的最终目标，坚持科学管理和企业治理的思路，不断提高全体员工的执行力，完善创新发展的动力机制，坚持勤政为民、清正廉洁、率先垂范，在出版社的发展中当好先锋。政法司柯林春副司长、人劳司李良生副司长陪同徐副部长考察调研，并表示将一如既往支持出版社做大做强。